생명의 강 티그리스와 유프라테스

世界河域文明系列—神秘的底格里斯与幼发拉底河
作者：北京大陸橋文化傳媒

Copyright © 2007 by 中國青年出版社
All rights reserved.

Korean Translation Copyright © 2010 by Sansuya Publishing Co.,
Korean edition is published by arrangement with 中國青年出版社
through EntersKorea Co., Ltd., Seoul.

이 책의 한국어판 저작권은 (주)엔터스코리아를 통한 중국의 中國青年出版社와의 계약으로 도서출판 산수야가 소유합니다.
저작권법에 따라 한국 내에서 보호를 받는 저작물이므로 무단 전재와 복제를 금합니다.

문명의 강 3

베이징대륙교문화미디어 엮음 | 한혜성 옮김

생명의 강
티그리스와 유프라테스

가장 오래된 문명의 고향 메소포타미아

산수야

일러두기__

1. 외국 인·지명은 국립국어원의 외래어 표기 용례에 근거해 표기했다.
   단, 현지 발음에 충실하기 위해 외래어 표기 용례를 따르지 않은 것도 있다.
2. 중국 인·지명은 한국어 한자음에 따라 표기했다.
3. 원서에는 하느님과 이스라엘 민족의 유일신인 야훼를 섞어 썼지만,
   의미 구별이 분명하지 않은 부분이 있어 본문에서는 모두 하느님으로 통일했다.

차 례

들어가며 9

1장 | 노아의 방주를 찾아 출항하다
에덴동산에서 흘러나온 강 15
노아의 방주를 찾아서 20
대홍수 이야기 20 | 방주를 찾아서 24

2장 | 동서 문명의 교차로 알레포
예언자 아브라함 36
몽골의 서방 원정 39
알레포 성채 46

3장 | 아시리아의 영광 모술

아시리아의 수도 니네베 54
예언자 요나 55 | 아시리아 제국 58 | 니네베 유적의 발견 72

장기 왕조 80

쿠르드족 84

4장 | 영웅의 고향 티크리트

이슬람의 영웅 살라딘 91
아이유브 왕조 91 | 전설적인 삶 94

사담 후세인 99
중동을 주름잡다 99 | 이라크 전쟁 102

5장 | 도시 박물관 바그다드

압바스 왕조 112

바그다드를 건설한 알 만수르 112 | 칼리프 하룬 알 라시드 118

칼리프 알 마문 121

몽골의 침략 125

『천일야화』의 고향 130

이라크의 운명을 목격하다 135

6장 | 기적의 도시 바빌론

수메르 문명 145

인류 문명을 이끌다 146 | 「길가메시 서사시」 151 | 사르곤의 전설 155

바빌로니아 159

바빌로니아의 태양 함무라비 160 | 「함무라비 법전」 165

바빌론의 공중정원 176

네부카드네자르 2세 176 | 공중정원 182

바벨탑 185

바빌론 유적 190

부록 | 고대 메소포타미아에서 발생한 주요 사건 198

7장 | 시아파의 성지 안나자프

알리의 안식처 203

예언자의 후계자 203 | 칼리프를 둘러싼 갈등 206 | 알리의 죽음 209

시아파의 성립 212

이슬람 역사의 진통 214

이슬람교의 분열 214 | 이라크의 시아파 217

알 사드르 220

8장 | 동양의 베니스 바스라

이슬람의 도시 228

칼리프 우마르 1세 228 | 이슬람 문화의 중심 231

신드바드 이야기 236

들어가며

일찍이 지중해를 건너 아시아 대륙의 서쪽 끝에 도착한 고대 그리스인들은 자신들의 눈앞에 펼쳐진 광경에 깜짝 놀랐다. 드넓은 땅 위를 세차게 흐르던 강 두 줄기가 하나로 합쳐져 동남쪽 걸프 지역으로 흘러가는 모습이 그야말로 장관을 이루었기 때문이다. 이 두 줄기 강이 바로 인류 문명을 낳은 유프라테스 강과 티그리스 강이다.

고대 그리스인들은 유프라테스 강과 티그리스 강이 이집트의 나일 강처럼 정기적으로 범람하면서 비옥한 흙을 실어와 충적평야(하천 주변에 모래와 자갈, 진흙 따위가 쌓여 생긴 평야―옮긴이)와 삼각주를 형성한다는 것을 발견했다. 그래서 이 지역을 두 강 사이라는 뜻의 메소포타미아라고 불렀다. 넓은 의미로 쓰이는 메소포타미아라는 지명은 오늘날 터키 산악 지대에서 걸프 지역에 이르는 곳을 일컫는데, 여기에는 터키 남동부의 평원과 이라크 전역도 포함된다. 충적평야가 서북쪽에서 동남쪽으로 뻗은 모습이 마치 초승달처럼 보인다고 해서 초승달 지대라 불리기도 했고, 『구약성서』에서는 천국으로 묘사되기도 했다.

인류는 메소포타미아의 비옥한 땅에서 별다른 힘을 들이지 않고도 풍성한 결실을 얻었고 점차 상업이 흥성하자 수많은 사람들이 모여들어 마침내

최초의 문명을 탄생시켰다. 하지만 메소포타미아는 이민족의 침입이 잦았고 대홍수 전설에서 알 수 있듯이 자연재해도 자주 일어나 역사적으로 혼란스러운 시기를 여러 번 맞이했다.

가장 오래된 문명의 요람인 메소포타미아는 수메르 문명과 바빌로니아 문명, 아시리아 문명을 낳았다. 특히 수메르인은 메소포타미아 문명의 기초를 닦은 것으로 유명하다. 기원전 4000년경에 메소포타미아 지역에 정착한 수메르인은 상형문자를 만들어냈고, 아카드인이 이를 계승·발전시켜 세계에서 가장 오래된 문자인 쐐기문자를 형성했다. 이 밖에 수메르인은 운하와 수로, 둑 같은 거대한 관개설비를 이용해 농사 환경을 개선하고 최초의 농업서를 편찬했다. 또 수학 분야에서도 뛰어난 능력을 보여 시간이나 각도를 측정할 때 60진법을 사용하고 여러 자리 숫자를 계산하는 데도 막힘이 없었다. 뒤를 이은 고바빌로니아는 당시 법률 등을 정리한 「함무라비 법전」을 편찬하고 7대 불가사의 중 하나인 공중정원을 만들었다. 7세기에는 아랍 제국이 등장해 티그리스 강기슭의 바그다드를 일약 정치와 경제, 문화의 중심지로 발전시켰다. 오늘날에도 널리 읽히면서 많은 사람들의 사랑을 받고 있는 『천일야화』(『아라비안나이트』)가 바로 이곳에서 탄생

했다. 『천일야화』는 풍부한 내용을 자랑하는 아랍 구전문학의 집대성이자, 민간 문학을 고전의 반열에 올려놓은 세계 문학사의 일대 기적이다.

안타깝게도 근대에 이르러 메소포타미아 지역은 끊임없는 전쟁과 여러 분쟁에 휘말려 고대의 찬란한 문명이 잇따라 파괴되었고 사람들의 한숨소리가 커져갔다. 그러나 인류는 티그리스와 유프라테스라는 문명의 강 두 줄기가 언젠가는 반드시 거대한 에너지를 내뿜어 찬란한 문명을 다시 이 땅에 일으킬 거라고 굳게 믿고 있다.

1장 | 노아의 방주를 찾아 출항하다

하느님은 노아에게 커다란 홍수를 일으켜 세상의 모든 것을 쓸어버릴 거라고 말한 뒤에 잣나무로 방주 한 척을 만들라고 명했다. 노아는 하느님의 명령대로 방주를 만들기 시작함과 동시에 사람들에게 회개하라고 권고했다. 마침내 노아가 거대한 방주를 완성하자 하느님은 "내가 이제 땅 위에 홍수를 일으켜 하늘 아래 살과 피를 지니고 살아 숨 쉬는 모든 것을 없앨 것이니 땅에 있는 생명은 모두 죽을 것이다. 그러나 너와는 약속을 하겠다. 너는 아내와 아들, 며느리를 모두 데리고 방주로 들어가거라. 정결한 짐승은 수컷과 암컷 일곱 쌍씩, 부정한 짐승은 수컷과 암컷 한 쌍씩 방주에 함께 태워라. 공중의 새는 수컷과 암컷 일곱 쌍씩 데리고 타서 그 씨가 온 땅 위에 살아남게 하여라"고 말했다.

인간 세상의 타락한 모습을 보고 이를 없애기로 결심한 하느님은
노아에게 임박한 재앙을 알려주고, 그와 그의 가족을 구원할 것을 약속했다.
사진은 노아의 방주가 정박한 곳으로 유명한 아라라트 산이다.

에덴에서 강줄기 하나가 흘러나와 동산을 적시고, 이곳에서 갈라져 네 줄기를 이루었다. 첫째 강의 이름은 비손으로 하윌라의 온 땅을 돌아 흘렀다. 둘째 강의 이름은 기혼으로 구스(쿠시. 에티오피아를 가리킨다―옮긴이)의 온 땅을 돌아 흘렀다. 셋째 강은 힛데겔(티그리스 강)로, 아시리아 동쪽으로 흘렀다. 넷째 강은 유브라데(유프라테스 강)다. 이곳은 신의 은총으로 비가 오지 않아도 오곡이 풍성하게 자란다.

에덴동산에서 흘러나온 강

『구약성서』의 시작인 「창세기」에는 다음과 같은 기록이 있다.

하느님께서는 동쪽에 있는 에덴에 동산 하나를 꾸미시어, 당신께서 빚으신 사람을 거기에 두셨다. 하느님께서는 보기에 탐스럽고 먹기에 좋은 온갖 나무를 흙에서 자라게 하시고, 동산 한가운데에는 생명나무와 선악을 알게 하는 나무를 자라게 하셨다. 강 하나가 에덴에서 흘러나와 동산을 적시고, 이곳에서 갈라져 네 줄기를 이루었다. 첫째 강의 이름은 비손인데, 금이 나는 하윌라의 온 땅을 돌아 흘렀다. 그 땅의 금은 질이 좋았으며, 그 고장에는 베델리엄 향료와 마노석도 있었다. 둘째 강의 이름은 기혼인데, 구스의 온 땅을 돌아 흘렀다. 셋째 강의 이름은 힛데겔인데, 아시리아 동쪽으로 흘렀다. 그리고 넷째 강은 유브라데다.

창세기 『구약성서』의 첫 권으로, 모세가 하느님의 말씀과 당시 떠돌던 전설에 근거해 썼다고 전해진다. 1장부터 11장은 하느님이 천지를 창조하신 과정과 인간의 타락, 하느님이 이스라엘 민족을 선택하는 과정이 나온다. 12장부터 50장은 이스라엘 민족 족장들의 역사를 다뤘다.

1
2
3

1 『구약성서』에 따르면 하느님은 아담과 하와를 만들어 지상 낙원인 에덴동산에서 살게 했다.
2 터키 동부 산악 지대에서 발원한 유프라테스 강과 티그리스 강은
  시리아 북부와 이라크를 지나 걸프 지역으로 흘러간다.
3 선악을 알게 하는 나무의 열매를 훔쳐 먹은 인류는
  에덴동산에서 내쫓겨 죄와 불행, 죽음을 알게 되었다.

이것이 바로 유명한 에덴동산 이야기다. 『성서』의 기록에 따르면 하느님은 사람을 만들어 에덴동산에 두었고, 강줄기 하나가 이곳에서 흘러나와 갈라져 네 줄기를 이루었다. 첫째 강인 비손은 '흩어지다', '퍼지다', 둘째 강인 기혼은 '넘쳐흐르다', 셋째 강인 힛데겔은 '화살처럼 빨리 흐른다', 넷째 강인 유브라데는 '솟아오른다'는 뜻을 갖고 있다. 네 줄기 강은 산과 지대가 높은 땅에 둘러싸여 골짜기를 이루며 모두 동쪽으로 흘렀다.

『성서』에는 하느님의 본래 의도가 아담(히브리어로 인간을 가리킴—옮긴이)과 하와(히브리어로 살아 있다를 의미함. 이브라고도 함—옮긴이)가 낳은 아이들이 온 땅에 퍼져 이 세상 전체를 에덴동산으로 만드는 것이었다고 기록되어 있다. 하지만 하와가 뱀의 유혹에 넘어가 선악을 알게 하는 나무의 열매를 먹고, 아담에게도 먹이고 말았다. 분노한 하느님은 아담과 하와를 에덴동산에서 내쫓았다. 그래서 인류는 영원히 낙원을 잃었고, 에덴동산은 인류의 유토피아를 상징하는 말이 되었다. 이슬람교의 경전인 『꾸란』과 무함마드의 언행을 기록한 하디스에도 이와 유사한 이야기가 있다.

이곳에 강물이 있으되 변하지 아니하고, 우유가 흐르는 강이 있으되 맛이 변하지 아니하며, 술이 흐르는 강이 있으니 마시는 이들에게 기쁨을 주며, 꿀이 흐르는 강이 있으되 순수하고 깨끗하다.

그렇다면 머나먼 옛날에는 정말로 아름다운 에덴동산과 신비로운 강 네 줄기가 있었던 것일까? 수천 년 동안 많은 사람들이 희망을 가슴에 품고 에덴동산을 찾았다. 오랜 기간에 걸친 학자들의 노력 덕분에 오늘날 우리는 강 네 줄기에 대해 대략적인 결론을 내릴 수 있다. 먼저 비손 강은 사우디아라비아 국경 안쪽에 있었지만 지리적·기후적 변화로 메말라 지금은 드넓은 사막에 묻혀버리고 말았다. 기혼 강은 오늘날 이란에서 발원해 걸프 지역의 카룸 강으로 흘러들었던 것으로 추측된다. 유브라데 강은 유프라테스 강으로, 하느님이 아브라함(아브람이라고도 함—옮긴이)과 그 후손에게 내려준 약속의 땅 가나안의 경계선이다. 『성서』에 따르면 세상의 종말이 오는 날 유프라테스 강이 말라버린다고 한다. 힛데겔은 티그리스 강이다. 이를 토대로 에덴동산이 티그리스 강과 유프라테스 강의 발원지인 지금의 터키 동남쪽 투르크메니스탄에 있었을 거라고 추측하는 사람들도 있다. 에덴동산은 자취를 찾을 수 없어 오늘날에도 끊임없이 논쟁이 이어지고 있다. 하지만 메소포타미아에서 인류 최초의 문명이 시작되었다는 것은 의심의 여지가 없다.

2,000여 년 전에 고대 그리스인들이 최초로 티그리스 강과 유프라테스 강 사이의 지역을 메소포타미아라고 부른 이후, 오랫동안 사람들은 이 지역을 메소포타미아라고 불렀고 인류 최초의 문명이 시작된 곳으로 생각했다. 두 줄기 강이 대지를 풍요롭게 적셔준 덕분에 아라비아 사막과 이란 고원 사이에서 수많은 기적이 일어났고 사람들의 마음을 움직이는 이야기가 탄생했다. 세계 역사를 이야기하다 보면 자연스레 고대 이집트, 고대 중국, 고대 인도, 고대 그리스 등과 함께 메소포타미아를 언급하게 된다.

유프라테스 강과 티그리스 강은 터키 동부의 산악 지대에서 흘러나와 두 줄기로 갈라져서 오랜 세월 동안 서북쪽에서 동남쪽으로 나란히 흐르며 곳곳에 많은 이야기를 남겼다. 총 길이가 2,800킬로미터에 달하는 유프라테스 강은 터키 동쪽 산악 지대에서 발원해 터키 국경 내에서 약 1,000킬로미터를 흐르다가 시리아로 유입되어 이라크까지 이어진다. 수량水量의 90

퍼센트가 터키 산악 지대에서 비롯되기 때문에 과거에는 터키가 절대적인 주권을 행사했으나, 1960년대부터 터키·시리아·이라크 세 나라가 유프라테스 강의 수자원을 둘러싸고 여러 차례 협상을 벌인 끝에 물 공유에 관한 협약을 체결했다.

유프라테스 강과 나란히 흐르는 티그리스 강은 서아시아 지역 최대의 수량을 자랑하는데, 총 길이가 1,900킬로미터에 달한다. 터키 국경 안에 있는 아나톨리아 고원의 동남부 동(東)토로스 산 남쪽 기슭에서 발원해 디야르바키르(옛 이름은 아미다―옮긴이)를 지나 시리아와 약 32킬로미터의 경계 하천을 형성하고, 곧바로 이라크 국경으로 흘러들어 자그로스 산맥 서남쪽 산자락을 따라 흐른다. 그런 다음 이라크 북부의 키르쿠크 유전을 가로질러 석유산업 중심지인 모술을 지나 지류인 대(大)자브 강과 소(小)자브 강, 디얄라 강 등과 합류해 수도 바그다드에 이른다. 여기서부터는 강 양쪽으로 곳곳에 호수와 농경지가 펼쳐진다. 알쿠르나에서 유프라테스 강과 만난 티그리스 강은 샤트알아랍 강을 형성해 걸프 지역으로 흘러간다.

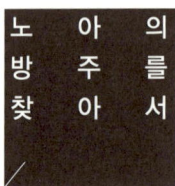

대홍수 이야기

터키 국경 내 동부 고원 지대에 있는 아라라트 산에서 메소포타미아 여행을 시작한다면 가장 먼저 대홍수와 노아의 방주 이야기에 매료된다. 대홍수와 노아의 방주는 『성서』에 나오는 유명한 이야기로, 대홍수와 관련된 전설은 실제로 세계의 수많은 민족 사이에 전해 내려오고 있다. 예컨대 중국에는 하(夏)나라의 우왕이 홍수를 다스린 이야기가 있고, 서남아시아 일대의 고대 문명은 모두 대홍수와 관련된 전설을 갖고 있다. 고바빌로니아와 그리스, 로마에도 노아 가족의 이야기가 전해진다. 그래서 학자들은 이런 이야기들을 토대로 『성서』의 유명한 이야기들이 형성되었다고 생각한다.

대홍수 세계 여러 나라에는 공통적으로 대홍수와 관련된 이야기가 전해지고 있다. 대체적으로 대홍수는 약 8,000년 전, 또는 그보다 더 이전에 일어났다. 『성서』에 나오는 노아의 방주 이야기와 비슷한 전설이 고대 아시리아인이 점토판에 기록한 「길가메시 서사시」, 남아메리카와 북아메리카 인디언의 전설, 하와이와 중국의 전설 등에도 나타난다.

1 대홍수와 노아의 방주에 관한 이야기는 인류 문명의 최초 발상지인 메소포타미아 지역에 신비로움을 더해주었다.
2 하느님의 명령을 받은 노아는 마침내 거대한 방주를 완성해 여기에 자신의 가족과 짐승들을 실었다. 그리고 하느님의 심판을 기다렸다.

터키 국경 안에 있는
아라라트 산은
노아의 방주가
정박한 곳으로 유명하다.

    에덴동산에서 내쫓긴 아담과 하와가 낳은 수많은 자손들이 시간이 흐르면서 점점 늘어나 세상 전체에 퍼졌다. 이 중에 밭을 가는 카인과 양을 치는 아벨이 있었다. 어느 날 카인은 땅에서 거둔 곡식을, 아벨은 기르는 양 중에서 맏배의 기름을 하느님께 제물로 바쳤는데, 하느님은 아벨이 바친 제물만 반겼다. 이에 카인은 몹시 화가 나서 아벨을 죽였다. 인간이 인간을 죽이는 인류의 비극은 바로 이때부터 시작되었다. 인류가 끊임없이 서로 싸우고 죽이고 약탈하면서 세상의 사악함이 심각한 지경에 이르자 하느님은 땅 위에 인간을 만든 것을 후회하며 마음 아파했다. 그래서 홍수를 일으켜 인간뿐만 아니라 발 달린 뭇짐승과 땅 위를 기어 다니는 생물, 공중을 날아다니는 새들까지 모두 쓸어버리기로 마음먹었다. 하지만 창조한 생명을 모두 없애기에는 아쉬움이 남은 하느님은 자신에게 순종하는 새로운 세대의 인간과 동물들로 이상적인 세상을 만들기를 바랐다. 노아는 하느님이 보기에 선량하고 본분을 지키는 유일한 인간이었다. 노아의 세 아들도 아버지의 엄격한 교육 덕분에 남을 해치거나 잘못된 길을 가지 않았다. 하느님은 노아의 가족을 선택해 노아의 아내와 세 아들 그리고 며느리들을 새로운 인류의 씨앗으로 보존하기로 결심했다.

하느님은 노아에게 커다란 홍수를 일으켜 세상의 모든 것을 쓸어버릴 거라고 말한 뒤에 잣나무로 방주 한 척을 만들라고 명했다. 노아는 하느님의 명령대로 방주를 만들기 시작함과 동시에 사람들에게 회개하라고 권고했다. 하지만 그 누구도 노아의 말을 귀담아 듣지 않았다. 마침내 노아가 거대한 방주를 완성하자 하느님은 "내가 이제 땅 위에 홍수를 일으켜 하늘 아래 살과 피를 지니고 살아 숨 쉬는 모든 것을 없앨 것이니 땅에 있는 생명은 모두 죽을 것이다. 그러나 너와는 약속을 하겠다. 너는 아내와 아들, 며느리를 모두 데리고 방주로 들어가거라. 정결한 짐승은 수컷과 암컷 일곱 쌍씩, 부정한 짐승은 수컷과 암컷 한 쌍씩 방주에 함께 태워라. 공중의 새는 수컷과 암컷 일곱 쌍씩 데리고 타서 그 씨가 온 땅 위에 살아남게 하여라"고 말했다. 노아는 하느님의 말씀대로 온 가족 여덟 명과 수컷과 암컷을 짝지은 모든 새와 집짐승, 길짐승을 방주에 태웠다.

마침내 노아가 600세 되던 날에 홍수가 시작되었다. 땅 속 깊은 곳에서 큰 샘들이 터지고 하늘에서는 홍수 문이 열려 땅에는 40일 동안 밤낮으로 비가 쏟아졌다. 노아의 가족들을 제외한 아담과 하와의 다른 자손들은 모두 홍수가 삼켜버렸고 동물들 역시 물에 빠져 죽었다. 땅에 물이 점점 불어나 하늘 아래 높은 산들을 모두 뒤덮고도 15큐빗(고대 서양 및 근동 지방에서 사용하던 길이 단위. 1큐빗은 팔꿈치에서 손끝까지의 길이—옮긴이)이나 더 불어났다. 오직 노아의 방주만이 피해를 입지 않고 물 위를 떠다녔다. 하느님은 노아의 가족과 방주에 함께 탄 모든 짐승들을 기억했다. 하느님이 땅 위에 바람을 일으키자 마침내 물이 빠지기 시작했고 그로부터 150일이 지나서야 방주는 아라라트 산 위에 정박했다. 다시 40일이 지나자 노아는 방주의 창문을 열고 까마귀를 내보냈지만, 까마귀는 돌아오지 않았다. 다시 비둘기를 내보냈지만 발붙일 곳을 찾지 못하고 방주로 되돌아왔다. 노아는 이레를 더 기다렸다가 또다시 비둘기를 내보냈다. 저녁때가 되자 비둘기는 부리에 싱싱한 올리브 잎을 물고 돌아왔다. 땅에 물이 빠진 것을 안 노아의 가족과 짐승들은 방주 밖으로 나가 새로운 삶을 시작했다.

근대에 이르러 고고학자들이 메소포타미아에서 발견한 점토판에는 쐐기문자로 대홍수에 관한 전설이 기록되어 있었다. 이야기의 주인공은 다르지만 한 민족의 운명이 자혜로운 신의 보살핌과 가르침에 따라 결정되고, 방주를 만들어 대홍수를 피하고 인류와 뭇짐승들의 씨를 보존했다는 공통적인 특징을 갖고 있다.

방 주 를   찾 아 서

『성서』에 기록된 많은 이야기들이 사실로 밝혀지자 사람들은 어쩌면 노아의 방주도 실제 일어난 사건일지도 모른다고 생각하기 시작했다. 그래서 성서고고학자들은 수천 년을 전해 내려온 비밀을 푸는 데 오랫동안 힘을 쏟았다. 『성서』의 기록에 따라 계산해보면 방주는 4만 3,000톤에 달하는 배수량을 자랑하는 거대한 나무상자다. 「창세기」에는 방주가 마지막에 아라라트 산 위에 정박했다고 명확하게 기록되어 있다. 그렇다면 과연 아라라트 산에 노아의 방주가 있을까? 아니면 그 흔적이라도 남아 있을까?

아라라트 산은 터키와 이란, 구소련의 국경에 걸쳐 있는 사화산으로, 산

세가 가파르며 정상에는 만년설이 쌓여 있다. 기원전 300년에 바빌로니아의 신관이자 작가였던 베로수스(아카드어로는 벨 우수르)가 자신의 책에 노아의 방주에 가까이 간 사람들이 있었다는 기록을 남겼다. 중국으로 향할 때 아라라트 산을 지났던 마르코 폴로는 일기에 아무도 오를 수 없는 높은 산봉우리와 만년설로 뒤덮인 이곳에 노아의 방주가 있다고 썼다. 노아의 방주를 찾으려는 사람들의 노력은 오랫동안 끊임없이 이어져 역사학자와 고고학자는 물론이고 탐험가들까지 수천 년 동안 풀리지 않은 비밀에 대한 답을 구하려고 노력했다. 하지만 1792년부터 1850년, 1876년에 이르기까지 탐험가들이 수차례 아라라트 산 정상에 올랐지만 방주는커녕 흔적도 찾을 수 없었다. 신비한 노아의 방주가 사람들과 숨바꼭질이라도 하는 것일까? 아니면 노아의 방주 자체가 존재한 적이 없었던 것일까? 방주를 찾으려는 사람들의 열기도 점차 식어가는 듯했다.

1883년, 아라라트 산 부근에서 일어난 대지진으로 인한 피해를 조사하던 오스만 제국의 관리들이 12~15미터 높이의 거대한 배로 추정되는 물체를 발견했다. 물체는 대부분 빙하에 파묻혀 있어 길이는 가늠할 수 없었다. 이 소식이 전해지자 노아의 방주를 찾으려는 열기가 다시금 전 세계를 휩쓸었다. 1916년 어느 날, 러시아의 블라디미르 로스코비츠키 중위가 순찰을 마치고 오스만 제국과 이란 국경 지대를 따라 기지로 돌아오다가 아라라트 산 정상에서 푸른색 물체를 발견했다. 물체는 놀랍게도 커다란 배의 선체처럼 보였는데, 뱃머리로 추측되는 한쪽 측면은 많이 뜯겨져 있었고 반대쪽에는 큰 문이 있었다. 그는 황급히 사진을 찍고 기지로 돌아가자마자 차르에게 이 사실을 보고했다. 사진에서는 모호한 어두운 반점이 산 정상의 두꺼운 빙하층 아래 모습을 드러내고 있었다. 수많은 전문가들은

최근 몇 년간 수많은 탐험가가 노아의 방주를 발견했다고 주장했지만, 아무도 뚜렷한 증거를 내세우지는 못했다

이 물체가 바로 『성서』에서 말한 노아의 방주가 아닐까 추측했다.

제2차 세계대전 때에는 소련 공군의 마스켈린 소령이 소문으로만 떠돌던 기록을 확인하기 위해 이곳에 정찰대를 보냈다. 정찰대는 아라라트 산에서 빙하에 반쯤 파묻힌 길이가 120여 미터인 배를 발견했는데, 이는 『성서』에 기록된 125미터라는 길이에 들어맞는 수치였다. 1940년대에 터키 조종사도 아라라트 산에서 노아의 방주로 추측되는 물체를 사진으로 찍었다. 미국 사진 측량 전문가의 확대 작업을 거쳐 계산한 사진 속 물체의 크기는 길이가 150미터, 너비가 50미터로 전설 속 방주의 크기와 대체적으로 일치했다.

1949년에 미국의 앨런 스미스 박사가 노아의 방주를 찾기 위해 원정대를 조직했지만 아무런 성과 없이 돌아왔다. 1952년에 프랑스 탐험대가 다시 아라라트 산 정상에 올랐지만 역시 아무것도 발견하지 못했다. 그러나 탐험대원 중 페르낭 나바라는 실패에 굴복하지 않았다. 1953년에 또다시 탐사를 떠난 나바라는 방주의 흔적이 남아 있을 만한 장소를 샅샅이 훑어

보았다. 1955년 7월, 나바라는 당시 열두 살이었던 아들 라파엘을 데리고 세 번째 등정에 나섰다. 그동안의 노력이 헛되지 않았는지 나바라 부자는 산 정상에서 사람이 손을 댄 흔적이 있는 사각형의 나무토막을 찾아냈고, 이것을 에스파냐와 프랑스, 이집트의 대학과 연구소로 보냈다. 그 결과 나무토막에는 특수한 방부 처리가 되어 있다는 사실이 밝혀졌고, 탄소14연대 측정법을 통해 나무토막이 적어도 4,484년은 되었다는 주장이 제기되었다. 이는 『성서』에서 노아의 방주가 건조되었다고 전해지는 시기와 일치한다. 페르낭은 자신이 발견한 나무토막이 노아의 방주의 일부라고 확신했다. 1956년에 그는 탐험 결과를 토대로 『내가 손으로 만진 노아의 방주』라는 책을 출판했다.

1974년에 터키 위성이 아라라트 산에서 방주의 위성사진을 찍었다. 미국의 론 와이엇은 아라라트 산 남쪽의 위젠겔리 마을 부근에 있는 주디 산에서 커다란 배를 발견했다. 양파 모양의 배는 선체 길이가 164미터로, 『성서』에 기록된 노아의 방주와 비슷했다. 1989년 9월 5일에는 미국인 두 명이 헬리콥터를 타고 아라라트 산 서남쪽 상공을 지나다가 빙하로 뒤덮인 4,400미터 시점에서 방주로 추정되는 물체를 발견하고 사진을 찍었다. 조종사 척 에런은 "나는 이것이 노아의 방주라고 백 퍼센트 확신한다"라고 말했다.

그러나 이러한 발견에 반대하는 목소리도 높아졌다. 터키의 한 지질학자는 발견된 방주의 흔적들이 수천 년 동안 풍화와 침식 작용을 거치면서 형성된 우연의 결과물에 지나지 않는다고 주장했다. 어떤 이는 아무리 세계를 뒤엎을 만한 대홍수라 해도 어떻게 방주가 해발 5,000미터 이상의 아라라트 산 정상에 정박할 수 있냐고 목소리를 높였다. 반박의 근거를 정리하면 첫째, 정말로 과거에 대홍수가 발생했다면 오늘날 지구 표면이나 오래된 산에 물이 흐른 침식 흔적이 남아 있어야 하는데 그렇지 않다. 둘째, 밖으로 드러난 1만 2,000년 전의 빙하 단층은 원시 상태를 유지하고 있으며 변화의 흔적이 없다. 셋째, 노아의 방주를 보았다는 사람들의 말은 설득력이 없다. 만약 5,000년 전에 아라라트 산 정상 부근에 방주가 좌초되었다면 빙하운동 때문에 낮은 지역으로 옮겨졌거나, 아니면 적어도 산산조각이 나서 낮은 산비탈에 잔해가 퍼져 있어야 하는데 지금까지 아무것도 발견되지 않았다. 게다가 방주를 발견했다고 하는 사람들이 제시하는 사진은 모두 뚜렷하지 않아, 풍부한 상상력을 동원해야만 산봉우리와 근처 산비탈의 윤곽에서 방주의 그림자를 찾아낼 수 있을 뿐이다.

1973년 남카프카스 지역에 소련이 미사일을 배치했다는 정보를 접하고 이를 정찰하던 미국중앙정보국CIA이 우연히 아라라트 산 정상의 사진을 찍었다. 이때 장방형의 거대하고 기이한 물체가 뚜렷하게 사진에 찍혔다. 몇 년 뒤 미국중앙정보국이 공개한 세계 각지의 위성사진 5만 5,000장에 이 사진도 포함되었다. 그러자 사진 속의 기이한 물체가 노아의 방주라는 주장이 퍼지기 시작했다. 캐나다우주국CSA의 RADASAT-1이 아라라트 산 북서부의 해발 4,663미터 지점에서 찍은 사진에도 불규칙 구역이 존재했다. RADASAT-1의 영상 정밀도는 8미터에 달할 뿐만 아니라, 광학카메라 위성이 아닌 사진 속 딱딱한 물체의 무선전파가 반사되기 때문에 연구원들은 불규칙 구역이 그림자는 아니라고 생각했다.

미국 버지니아 주 리치먼드대학교 평생교육원의 포처 테일러 교수는 노아의 방주의 수수께끼를 풀기 위해 위성고고학이라는 방법을 사용해 1993년부터 무려 13년 동안 추적연구를 진행했다. 테일러 교수는 사람들의 관심을 불러일으킨 RADASAT-1이 찍은 위성사진의 불규칙 구역이 아라라트 산 서북부의 얼음으로 뒤덮인 해발 4,664미터 지점으로, 길이 300큐빗에 폭 50큐빗인 6대 1의 비율을 가졌다고 발표했다. 이것은 타이타닉호나 전함 비스마르크호보다 더 큰데, 오늘날의 대형 항공모함과 비슷하다. 테일러 교수는 영상자료들을 종합 분석해 아라라트 산의 수수께끼를 밝히고 현장 탐사를 실시해 불규칙 구역이 자연이 만들어낸 기이한 풍경인지, 인류 활동의 흔적인지, 아니면 정말로 노아의 방주인지 규명하는 것이 자신의 목표라고 말했다. 덧붙여 "나는 이 불규칙 구역이 원에 가깝다는 사실을 발견했다. 이것이 무엇인지는 알 수 없으나 이상하다는 것만은 분명하다"라고 말했다.

최근 들어서는 방주가 아라라트 산의 흑해 쪽 어느 산비탈에 좌초되었다가 흑해의 수위가 높아지면서 바다 밑바닥으로 가라앉았다는 주장이 제기되었다. 과학자들은 흑해 일대의 자연환경에 근거해 이 지역에 대홍수가 일어난 적이 있다고 결론을 내리고, 지구의 빙하기가 약 1만 2,000년 전에 절정에 달했다고 추산했다. 당시 지구의 해수면은 지금보다 훨씬 낮았고, 민물 호수에 불과했던 흑해는 오늘날 터키 국경 안에 있는 보스포루스 해협이라는 천연의 댐을 사이에 두고 지중해와 분리되어 있었다. 빙하가 녹으면서 전 세계 해수면이 상승했고 지중해와 흑해의 수위 차이도 차츰 500미터 정도로 커졌다. 큰 비 또는 대지진이 일어나 둘 사이를 가로막고 있던 댐을 무너뜨려 지중해의 바닷물이 나이아가라 폭포수의 200배에 이르는 어마어마한 기세로 흑해에 밀려들었고, 그로부터 2년이 지난 뒤에야 지중해와 흑해의 수위는 평형을 이루었다.

오늘날 흑해와 지중해를 잇는 수로가 있기는 하지만 흑해는 기본적으로

최근에는 노아의 방주가 아라라트 산의 흑해 쪽 어느 산비탈에 좌초되었다가, 흑해의 수위가 높아지면서 바다 밑바닥에 가라앉았다는 주장이 나오고 있다. 사진은 흑해 일대의 모습이다.

폐쇄된 수역으로, 더구나 도나우 강과 드네프르 강, 돈 강의 물이 끊임없이 유입되어 민물인 상층과 바닷물인 하층으로 나뉜다. 바닷물 층은 아래에 새로운 해류가 통하지 않기 때문에 특수한 무산소 환경이 형성된다. 무산소 환경에서 생물은 살 수 없지만, 물건이나 가라앉은 배, 사람의 유해는 마치 진공 상태에서 보관된 것처럼 부패하지 않는다. 때문에 잣나무로 건조된 방주가 만약 정말로 흑해의 밑바닥에 가라앉았다면 지금도 여전히 모습을 완벽하게 유지하고 있을 것이다.

이러한 주장에 미국의 심해 탐험가 로버트 밸러드 박사는 큰 흥미를 느꼈다. 타이타닉호와 실종된 이스라엘의 잠수정을 발견해 세계적인 명성을 떨친 밸러드 박사는 어린 시절부터 노아의 방주 이야기에 깊이 매료되어 있었다. 방주가 흑해 밑바닥에 가라앉았을지도 모른다는 주장을 접한 그는 호기심을 억누를 수 없어 직접 탐사를 시작했다. 탐험대는 탐사 2주째에 흑해 연안에서 20킬로미터 떨어진 지점인 심해 95미터에서 마치 고대의 하천이 흐르는 골짜기처럼 보이는 움푹 파인 지역을 찾아냈다. 이 중 한 부분은 장방형으로 솟아 있었는데, 반듯반듯한 모습이 오랜 세월 동안 진흙에 덮여 있었음에도 불구하고 뚜렷한 사람의 손길이 닿은 흔적이 엿보였다. 이어진 고대 유적의 발견은 이러한 예측을 뒷받침했다. 유적 규모로 판단해볼 때 이곳은 많은 사람들이 살던 대도시였다. 탐사대는 곧이어 정교하게 제작된 돌도끼와 그릇 조각도 발견했다.

탐험대의 수석 고고학자이자 펜실베이니아대학교의 고고학 교수인 프레드릭 히버트는 유적이 고대 흑해 지역의 건축양식을 갖추었고, 돌도끼는 7,000년 전 신석기 시대의 특징을 보인다고 말했다. 그는 흥분해서 이 발견을 "또 한 번의 폼페이 발굴"이라고 불렀다. 탐험대는 흑해의 수심 170미터에 이르는 곳에서 담수 패류의 화석과 해수 패류의 화석도 발견했다. 해수 패류는 6,500년 전, 담수 패류는 적어도 7,000년 전의 것으로 판명되었는데, 이는 흑해가 7,000년 전에는 육지였다는 것을 말해준다. 탐사 결과를 토대로 밸러드 박사는 지구가 먼 옛날 『성서』에서 묘사한 대홍수를 겪었음이 분명하다고 강력하게 주장했다. 오직 커다란 홍수만이 드넓은 육지를 삼키고 호수를 깊은 바다로 바꿀 만한 위력을 갖고 있기 때문이다. 오늘날 과학자들의 연구는 계속되고 있다. 사람들은 노아의 방주 이야기에 얽힌 비밀이 완전히 밝혀지는 날이 오기를 고대하고 있다.

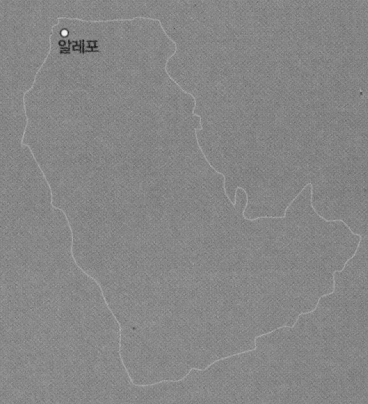
알레포

2장 | 동서 문명의 교차로 알레포

기원전 1595년 즈음에 히타이트가 고바빌로니아에 침입해 아나톨리아로부터 알레포를 빼앗았다. 기원전 738년에 알레포는 아시리아의 지배를 받았고, 기원전 4세기에 마케도니아의 알렉산드로스 왕도 이곳에 흔적을 남겼다. 알렉산드로스 왕이 죽은 뒤에는 다시 셀레우코스 왕조에 넘어갔고, 기원전 65년에는 로마의 지배를 받았다. 700년에는 이슬람 세력에게 점령당했고, 10세기에 이르러 독립적인 함다니드 공국의 수도로서 황금기에 접어들어 십자군 전쟁 때 중요한 역할을 담당했다. 1260년에 몽골에 점령된 알레포는 얼마 지나지 않아 다시 이슬람 맘루크 왕조의 통치를 받았고, 1516년에는 오스만 제국에 정복되었다. 근대에 이르러 알레포는 더욱 거친 풍파에 시달렸다.

동서 문명의 교차로에 위치한 알레포는 기원전 2000년부터
중동 지역의 교역 중심지 가운데 하나로 발전했다.
이러한 지리적 중요성 때문에 수많은 민족의 침입과 지배를 받았다.

유프라테스 강은 오늘날 터키의 동쪽 고원에서 흘러나와 여러 지류들과 합쳐지면서 차츰 커다란 강을 형성해 시리아 국경으로 흐른다. 유라시아 대륙에서 시리아의 지리적 위치는 매우 중요하다. 동쪽으로는 메소포타미아 지역과 접하고, 서쪽으로는 지중해에 가까운 동서 문명이 만나는 곳이기 때문이다. 실제로 시리아의 여러 도시에서 로마 시대의 건축물을 발견하는 것은 어려운 일이 아니고, 찬란했던 이슬람 문화의 영향도 곳곳에서 느낄 수 있다.

시리아 북부 제1의 도시이자 할라브 주의 주도인 알레포는 바로 이러한 문화를 그대로 간직하고 있다. 유프라테스 강 인근에 자리한 알레포는 일찍이 기원전 2000년에 이미 메소포타미아 지역의 상업과 무역, 문화의 중심지였다. 기원전 14세기부터 잇달아 이곳을 통치한 히타이트와 아시리아, 페르시아, 이슬람 세력, 튀르크, 몽골, 이집트는 각각 찬란한 문명을 남겼다. 도시 내에 유적 여러 곳이 잘 보존되어 있어 유네스코는 1986년에 알레포 구시가지를 세계문화유산으로 지정했다.

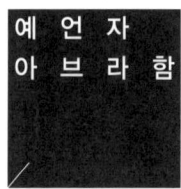

알레포는 아랍어로 우유를 뜻한다. 유대 민족의 시조 아브라함이 이곳에서 가난한 백성들에게 우유를 나누어주었기 때문에 이러한 이름이 붙었다. 유대교와 기독교, 이슬람교를 막론하고 아브라함은 예언자로 여겨지는데, 이슬람교에서는 이브라힘이라 부른다.

『성서』와 『꾸란』의 기록에 따르면 아브라함의 아들인 이사악은 유대 민족의 조상이고, 이스마엘(이슬람교에서는 이스마일)은 아랍 민족의 조상이다. 『성서』와 『꾸란』에는 메소포타미아의 하류인 우르에서 태어난 아브라함이 부족을 이끌고 아라비아 사막을 건너 팔레스타인의 약속의 땅 가나안에 도

가나안 역사와 『성서』에 기록된 지명이다. 경계선은 시대에 따라 자주 바뀌었지만 팔레스타인을 중심으로 한다는 점은 변하지 않았다. 연해의 가나안 문명은 구석기 시대와 중석기 시대까지 거슬러 올라가지만, 신석기 시대에 이르러서야 비로소 고정적인 주거지가 나타나기 시작했다. 문자로 기록된 역사는 약 기원전 15세기부터 시작된다. 약 기원전 1200년경에 히브리인이 침입해 남부 지역에 정착했고, 이후 필리스티아인의 침입을 받았다. 다윗 왕이 이끄는 이스라엘 민족은 필리스티아의 군대를 몰아내고 원주민이던 가나안인을 정복했다. 이후 가나안은 이스라엘의 영토가 되었다.

『성서』에는 아브라함이 자신을 통해 미지의 땅에 새 민족을 세우겠다는 하느님의 부름을 받고 우르를 떠나 알레포와 하란을 거쳐 가나안에 도착했다고 기록되어 있다.

착해 크게 번성했다고 기록되어 있다.

　노아의 아들 셈의 10대손인 아브라함의 원래 이름은 아브람으로, 하느님이 친히 그의 이름을 많은 민족의 아버지라는 뜻을 가진 아브라함으로 바꿔주었다. 아브라함의 고향인 칼데아의 우르는 걸프 지역과 가까운 곳에 있다. 풍부한 유프라테스 강물이 사방의 논밭을 비옥하게 하고 풀을 무성하게 만들기 때문에 농업과 목축업이 주였던 시대에 우르는 최적의 거주지였다. 그래서 사람들은 이곳으로 몰려들었고 도시는 번화하고 부유해졌다. 아브라함은 몇 대에 걸쳐 우르에 살았다. 그러나 하느님은 아브라함에게 "너는 고향, 친척, 아비의 집을 떠나 내가 지시할 땅으로 가라. 내가 너로 큰 민족을 이루고 네게 복을 주어 네 이름을 창대케 하리니, 너는 복의 근원이 될지라. 너를 축복하는 자에게는 내가 복을 내리고, 너를 저주하는 자에게는 내가 저주하리니 땅의 모든 족속이 너로 인하여 복을 얻을 것이다"라고 말했다. 아브라함은 하느님이 말씀하신 대로 고향을 떠나 낯선 여행길에 올랐다. 심지어 그는 자신이 어디로 가는지도 몰랐다. 하느님이 그에게 어떤 복을 내릴지, 어떤 땅을 줄지 전혀 알지 못했다. 그저 믿음 하나로 분명히 좋은 결과가 있을 것이라 생각하고 길을 떠났다.

아브라함이 처음 도착한 곳은 고향인 우르에서 약 950킬로미터나 떨어진 하란이었다. 그러나 하느님은 다시 그에게 길을 떠나라고 명했고, 다시 여행길에 오른 아브라함은 알레포에서 굶주림에 시달리던 백성들을 보고 가슴이 아파 우유를 나누어주었다. 이때부터 알레포는 신성한 색채를 띠기 시작했다.

아브라함이 두 번째로 도착한 곳은 가나안이었다. 그는 이 땅을 가로질러 세겜의 성소, 곧 모레의 상수리나무가 있는 곳에 다다랐다. 그러자 하느님이 아브라함에게 말씀하셨다. "내가 네 후손에게 이 땅을 주겠다." 이때 아브라함은 일흔다섯 살로 아직 자식이 없었다. 그는 자신 앞에 나타난 하느님에게 감사를 드리기 위해 제단을 쌓았다. 그리고 다시 이곳을 떠나 베텔 동쪽으로, 이집트로, 헤브론 등으로 돌아다녔다. 아브라함은 평생을 떠돌아다녔다고 해도 과언이 아니다. 그러나 그는 굳은 신앙을 갖고 있었기 때문에 유대교와 기독교, 이슬람교에서 가장 위대한 예언자로 존경받고 있다.

몽골의 서방 원정

 시리아는 독특한 지리적 위치 때문에 역사적으로 여러 차례에 걸쳐 동서양 세계가 격렬하게 충돌했다. 로마 제국이 지중해 전체를 지배했을 때도 이러한 운명에서 벗어날 수 없었다. 수백 년에 걸친 힘겨루기 끝에 로마는 시리아를 정복하고 동쪽 세력 확장을 위한 발판으로 삼았다. 이로써 지리적으로 중요한 알레포는 더더욱 모든 나라가 눈독을 들이는 도시가 되었다.
 13세기 중반에 동아시아 초원에서 강력한 몽골이 일어났다. 칭기즈 칸의 자손들은 커다란 야심을 품고 잇따라 서방 원정을 시도했는데, 제3차 서방 원정의 목표가 바로 시리아를 점령하고 나아가 이집트의 맘루크 왕조를 집어삼키는 것이었다. 원정을 이끈 칭기즈 칸의 손자 훌라구(재위 1264~1265)는 일 한국(일 칸국)의 칸이었다. 바야흐로 1259년, 몽골군은 압바스 왕조의 수도인 바그다드를 점령하고 이슬람 세계를 공황 상태로 몰아넣었다. 몽골의 대칸 몽케(칭기즈 칸의 손자로 몽골 제국의 4대 카간. 시호는 헌종憲宗이다—옮긴이)는 훌라구에게 계속 전진해 이집트 맘루크 왕조를 멸망시키라

1 몽골은 세 차례에 걸쳐 대규모 서방 원정을 일으켰다.
2 바그다드를 점령한 몽골은 서쪽으로 계속 나아가 알레포를 포위했고, 마침내 함락시켰다.

는 명령을 내렸다. 1259년 9월, 10만 대군을 이끈 훌라구는 키트부카에게 선봉을, 바이주에게 우군을, 손자크에게 좌군을 맡기고, 자신은 중앙군을 직접 지휘해 시리아 정복에 나섰다.

당시 시리아는 기독교를 믿는 서유럽의 십자군과 이슬람교를 믿는 아이유브 왕조가 분할 통치하고 있었다. 십자군은 북쪽의 보에몽 6세에게 귀속된 안티오크 공국과 트리폴리 백국, 남쪽의 예루살렘 왕국 등을 점령하고 있었다. 하지만 예루살렘을 잃어 효율적인 통치를 할 수 없었기 때문에 실제로는 일부 영지와 프랑스의 행정구역으로 구성된 연방 형태를 띠었다. 아르메니아의 왕 하이톤(또는 헤툼—옮긴이)의 딸을 아내로 삼은 보에몽 6세는 하이톤을 따라 몽골 연맹에도 가입했다. 기독교 시리아와 아이유브 왕조가 지배한 알레포와 다마스쿠스를 포함한 시리아 내륙 지역의 이슬람 시리아는 서로 대립하고 있었다. 아이유브 왕조는 위대한 살라딘이 세운 쿠르드족 왕조였지만, 당시의 술탄 안 나시르 유수프(재위 1236~1260)는 소심하고 무능했다. 결국 1258년에 몽골에 굴복하고 같은 해에 아들 알 아지즈를 훌라구에게 인질로 보냈다.

　이슬람의 항복을 얻어낸 훌라구는 아이유브 왕조에게서 서부 메소포타미아와 이슬람 시리아를 뺏기로 결심했다. 전쟁은 아미다(디야르바키르의 옛 이름—옮긴이)에 대한 공격으로 시작되었다. 이 지역의 지배자 알 카밀은 독실한 이슬람교도로, 몽골이 발급한 국경 통과증을 가지고 들어온 시리아 야코부스파 교회(그리스도의 한 가지 본성만을 인정한 시리아의 단성론單性論을 믿는 교회—옮긴이) 목사를 십자가에 매달아 죽인 적이 있었다. 길고 긴 전쟁 끝에 아미다가 함락되자 몽골은 알 카밀을 잔혹하게 죽이고 창에 그의 머리를 꽂은 채 기수와 고수를 앞세워 알레포에서 다마스쿠스까지 이슬람 시리아의 여러 도시를 돌았다. 아울러 아미다의 이슬람교도를 학살했다. 다행히 이곳이 시리아 야코부스파 교회의 오랜 주교구이자 아르메니아 교파의 중심지였기 때문에 기독교도는 화를 피할 수 있었다.

　아미다를 공격할 때 훌라구는 시리아에 대한 정복도 함께 시작했다. 아르메니아 역사학자는 "칸은 하이톤 왕에게 에데사에 있는 모든 아르메니아 병사를 참전시키라고 요구했다. 예루살렘으로 가서 이슬람교도의 손에서 성지를 해방시키고 기독교도에게 돌려주기를 원했기 때문이다. 하이톤 왕은 이 소식에 매우 기뻐하며 군대를 모아서 훌라구에게 합류했다"라고

아이유브 왕조(1171~1250)　12세기 말부터 13세기 중반까지 집권한 이슬람 왕조로, 이집트 전역과 오늘날의 이라크 북부, 시리아 대부분 지역, 예멘 등을 통치했다. 1171년에 살라딘(살라흐 앗 딘 유수프 이븐 아이유브)은 파티마 왕조를 폐하고 스스로 술탄이 되어 이집트에 아이유브 왕조를 세웠다. 1174년에 주군이었던 장기 왕조의 누레딘(누르 앗 딘 마흐무드)이 죽자 시리아의 다마스쿠스를 복속시켜 이슬람의 최대 강자가 되었다. 살라딘은 십자군과 지하드(성전聖戰)를 계속해 예루살렘을 수복했다. 아이유브 왕조는 군사분봉제를 시행해 귀족과 고위 장교에게 많은 토지를 나누어주었다. 살라딘이 죽자 왕조의 영토는 여러 후계자들에게 분할 상속되었고, 1249년에 술탄 앗 살리흐 나짐 앗 딘이 죽으면서 아이유브 왕조는 완전히 힘을 잃고 1250년에 멸망하고 말았다.

기록했다. 몽골의 전쟁 계획은 훌라구와 충실한 신하인 아르메니아 왕 하이톤의 회동에서 이미 마련되었던 것이다.

1259년 9월, 몽골은 아제르바이잔에서 시리아를 향해 진격하기 시작했다. 키트부카 노얀(수령 또는 주군을 뜻하는 몽골어―옮긴이)이 선발대를 이끌고 출발했고, 노장 바이주가 오른쪽을, 손자크가 왼쪽을, 훌라구가 직접 중앙을 이끌었다. 여기에는 기독교도였던 훌라구의 아내 도쿠즈 카툰도 동행했다. 쿠르디스탄의 길을 따라 남쪽으로 내려간 훌라구는 누사이빈을 점령해 하란과 에데사의 투항을 받아내고, 세이한의 백성들을 학살했다. 빌레지크를 점령한 뒤에는 유프라테스 강을 건너 알레포를 포위 공격했다. 술탄 안 나시르 유수프는 알레포에서 저항하는 대신 다마스쿠스에 남았다. 지원 요청을 위해 카이로로 사람을 보냈지만 이집트도 내란에 휩싸여 있었기 때문에 도와줄 여력이 없었다. 결국 알레포 성채의 시리아 병사 10만 명은 지원군 없이 몽골과 목숨을 건 결전을 치를 수밖에 없었다. 당시 알레포의 병사는 수적으로는 몽골군과 큰 차이가 없었지만 대부분이 일반 백성이었다.

몽골 군대가 성채에 가까이 다가오자 알레포 수비군 일부가 용기 있게 출격했으나 패하고 말았다. 이튿날에는 훌라구의 군대가 성채 밖에 도착했다. 몽골군의 맹렬한 기세를 본 알레포의 지휘관은 출전 금지령을 내렸지만, 일부 수비군과 주민들이 명령을 어기고 훌라구를 공격했다. 결과는 참담한 패배로 끝이 났다. 몽골군은 여세를 몰아 더욱 전진했고 훌라구는 사절을 보내 항복을 권고했다. 그러나 지휘관은 끝까지 투항을 거부하며 버텼다. 1260년 1월 24일부터 몽골군은 성채를 공격하기 시작해 7일간의 격전 끝에 드디어 함락시켰고 10만여 명을 포로로 잡았다. 훌라구는 군대

알레포를 함락한 몽골은 시리아 전체를 점령했고, 나아가 서아시아의 서쪽 끝까지 진격했다. 하지만 갑작스러운 몽케 대칸의 죽음으로, 제3차 서방 원정은 막을 내렸다.

를 이끌고 곧장 다마스쿠스로 향했다.

  알레포가 함락되었다는 소식이 전해지자 술탄 안 나시르 유수프는 다마스쿠스를 버리고 도망쳤고, 이곳 백성들은 훌라구의 군대를 환영했다. 3월 1일, 다마스쿠스에 도착한 키트부카는 백성들의 생명과 재산을 침해하지 말라는 명령을 내렸다. 3월 21일 밤에 키트부카의 군대는 다마스쿠스의 작은 성을 포위 공격했고 4월 초에 이르자 작은 성을 지키던 수비군들이 대부분 투항했다. 시리아 전체를 점령한 훌라구는 발칸의 여러 연합군을 격파하고 키프로스 섬을 함락시켰다. 서아시아 서쪽 끝까지 진군한 훌라구는 맘루크 왕조의 이집트로 가려 했다. 그런데 이때 갑작스럽게 몽케 대칸의 서거 소식이 전해졌다. 훌라구는 키트부카에게 시리아를 지키라고 명하고 자신은 부대를 이끌고 페르시아로 돌아갔다. 이것으로 몽골의 제3차 서방 원정은 막을 내렸다.

  페르시아에서 훌라구는 동생인 쿠빌라이(몽골 제국의 5대 황제로, 중국을 정복해 원元을 세우고 황제가 되었다. 묘호는 세조世祖—옮긴이)가 대칸으로 즉위했다는 소식을 들었다. 그래서 훌라구는 동쪽으로 돌아가지 않고 페르시아에 남아 일 한국을 세웠다. 하지만 시리아에 남았던 키트부카가 수만의 병력을 앞세워 포위 공격한 이집트군에 포로로 잡혀 전사하면서 시리아는 이집트의 손아귀로 넘어가고 말았다. 훌라구는 다시 시리아로 쳐들어가 복수하

일 한국(1256~1388)   몽골 제국의 네 한국 가운데 하나로, 칭기즈 칸의 손자 훌라구가 서방 원정을 마친 후인 1256년에 세웠다. 처음에는 마라게를 수도로 삼았다가 훗날 타브리즈로 옮겼다. 재상이 정무를 담당했고 각 성에 지방관을 임명해 다스렸다. 영토는 동쪽으로는 아무다리야 강과 인더스 강, 서쪽으로는 아나톨리아 대부분 지역을 포함했고, 남쪽으로는 걸프 지역, 북쪽으로는 카프카스까지 이르렀다. 14세기 말에 티무르 제국에게 멸망당했다.

려 했지만, 몽골이 세운 네 한국 중의 하나인 킵차크 한국이 새로운 위협으로 부상하자 포기할 수밖에 없었다. 훌라구는 어머니와 아내의 영향으로 서아시아에서 친_親기독교 정책과 함께 이슬람교도를 차별하는 정책을 펼쳤는데, 이것이 친이슬람 성향을 갖고 있던 킵차크 한국의 불만을 샀다.

훌라구는 말년에 이르러 페르시아에서의 통치를 튼튼히 하는 데 온 힘을 기울였다. 그는 무력으로 위협하거나 결혼을 통해 페르시아 내의 반란 세력을 제거하고 페르시아를 일 한국의 핵심 지역으로 만들었다. 일 한국은 7대 칸인 가잔 칸 시대에 전성기를 맞이해 영토가 동쪽 아무다리야 강(옥수스 강이라고도 함—옮긴이)에서 서쪽 지중해까지, 북쪽 카프카스에서 남쪽 인도양에 이르렀고, 경제와 문화도 번영했다. 일 한국은 1388년까지 이어지다가 칭기즈 칸의 후예인 티무르에게 멸망했다.

역사학자들은 훌라구가 서아시아를 정복해 이 지역의 정치와 문화를 변화시켰고 나아가 유라시아와 아프리카까지 그 영향이 미쳤다고 평가한다. 일 한국과 원과의 관계는 몽골의 다른 세 한국보다 훨씬 밀접했다. 실크로드에서 활발한 교류가 이루어지면서 중국의 4대 발명이 서쪽으로 전해지는 속도가 빨라졌고, 반대로 아라비아숫자, 아라비아 역법, 행정제도 등도 빠르게 중국으로 유입되었다.

알레포에는 수많은 유적지가 있는데, 다양한 양식으로 지어진 건축물들은 그동안 알레포가 겪어온 특수한 역사를 말해준다. 시리아의 수도 다마스쿠스처럼 알레포도 세계에서 가장 오래된 도시로 손꼽한다. 기원전 1595년 즈음에 히타이트가 고바빌로니아에 침입해 아나톨리아로부터 알레포를 빼앗았다. 기원전 738년에는 아시리아의 지배를 받았고, 기원전 4세기에 마케도니아의 알렉산드로스 왕도 알레포에 흔적을 남겼다. 알렉산드로스 왕이 죽은 뒤에는 다시 셀레우코스 왕조에 넘어갔고, 기원전 65년에는 로마의 통치를 받았다. 700년에는 이슬람 세력이 이곳을 점령해 우마이야

셀레우코스 왕조(기원전 312~기원전 64)　　알렉산드로스 왕의 마케도니아 제국이 분열된 뒤에 셀레우코스 1세가 동쪽에 세운 왕조로, 서쪽으로는 아나톨리아, 시리아, 메소포타미아, 동쪽으로는 인도의 광범위한 지역까지 아울렀다. 시리아의 통치 중심지였기 때문에 시리아 왕국으로 불리기도 한다. 기원전 3세기 중엽 이후 이집트의 프톨레마이오스 왕조와 팔레스타인 쟁탈전을 벌이면서 동쪽 영토 대부분을 잃었다. 기원전 64년에 로마는 시리아를 제국의 행정구역으로 삼았다.

1 동서 문명이 만나는 곳이라는 지리적인 특징 덕분에 알레포에는 다양한 양식의 건축물이 아직도 많이 남아 있다.
2 알레포의 기독교 교회 안에 그려진 벽화의 모습이다. 알레포에는 기독교 관련 유적도 남아 있다.
3 알레포 구시가지에 위치한 오랜 역사를 자랑하는 알레포 성채는 매우 치밀하고 독창적인 방어구조를 갖고 있다.

왕조(661~750)의 지배 아래 알레포는 번영을 맞이했다. 10세기에 이르러 알레포는 독립적인 함다니드 공국의 수도로서 황금기에 접어들었고 십자군 전쟁 때 중요한 역할을 담당했다. 1260년에 몽골에 점령된 알레포는 얼마 지나지 않아 다시 이슬람 맘루크 왕조의 통치를 받았고, 1516년에는 오스만 제국에 정복되었다. 근대에 이르러 알레포는 더욱 거친 풍파에 시달렸다.

험난했던 역사 때문에 알레포에는 방어시설이 없다. 1260년의 험난한 전쟁을 겪은 후에 재건한 성곽과 중세 시기의 성벽 3개만이 남아 있을 뿐이다. 도시 한가운데에 우뚝 솟아 있는 알레포 성채는 가장 중요한 역사 유적이다. 도시 중심에 송곳 모양으로 나지막이 솟은 언덕 위에 위치한 웅장한 성채 주위에는 깊이 20미터, 너비 30미터인 해자(위급할 때 물을 채워 적을 방어한다—옮긴이)가 둘러져 있다. 해자 바닥에서 성벽 꼭대기까지의 높이는 65미터에 이르고, 성벽 아랫부분에서 해자까지는 경사각이 48도로 표면에는 미끄러운 돌을 쌓았다. 성벽의 견고함은 세계적으로 유명하다.

알레포 성채는 본래 고바빌로니아와 아시리아의 신전이 있었던 곳으로 도시만큼이나 오랜 역사를 자랑한다. 고대 그리스와 로마 시기부터 신전은 군사요새로 건설되었다. 오늘날 남아 있는 성곽은 13세기 아이유브 왕조 시기에 건설한 것으로, 성채는 오랜 세월에 걸쳐 끊임없이 보수·확장되었다. 성채 내부에는 여러 시대를 거친 흔적이 남아 있어 시리아의 역사를 연구하는 데 중요한 보물창고다. 오랜 역사를 자랑하는 성채는 무정한 세월을 견디며 비바람에 침식되었지만, 오늘날에도 여전히 웅장한 모습을 보여준다. 사각형의 탑루와 개폐교를 지나면 성의 입구에 이르는데, 입구에서 다시 감시탑을 지나야만 성벽 정문에 다다를 수 있다. 성벽 입구에는 세 개의 철문이 있다. 첫 번째 문에는 서로 몸을 꼬고 있는 거대한 뱀 두 마리가 조각되어 있어 뱀의 문으로 불리고, 두 번째 문에는 가부좌를 틀고 앉아 대문을 지키는 사자 한 쌍이 조각되어 있다. 세 번째 문에도 사자가 한 쌍 조각되어 있는데, 웃고 있는 사자와 울고 있는 사자의 모습이 마치 살아 있는 것처럼 생동감이 넘쳐 일명 '웃는 사자와 우는 사자의 문'으로 불린다. 첫 번째 문에서 세 번째 문까지의 거리는 약 20미터로, 꼭대기에는 감시 구멍이 가득하다. 성의 정문을 닫으면 문을 지키던 병사들이 구멍을 통해 화살을 쏘거나 돌을 던졌고 때로는 불 공격을 퍼부어 적을 죽음으로 몰아넣었다. 당시에 알레포 성채는 군사요새뿐만 아니라 전쟁이 일어났을 때 주민들의 피난처 역할도 했다. 성채의 총면적은 15헥타르로 성안에는 주택과 창고, 상점, 모스크가 있었다.

알레포에는 비잔틴 양식의 건물 유적도 많은데, 시메온 성당이 최고로 손꼽힌다. 성당에는 원래 기독교 수도사 성聖 시메온이 꼬박 30년을 수행한 높이가 18미터인 기둥이 있어 당시에는 소문을 들은 사람들이 성자를 보기 위해 사방에서 몰려들었다고 한다. 오늘날 기둥은 사라진 지 오래고, 팔각형의 성당 유적만이 남아 있다. 1986년에 유네스코는 알레포를 "기원전 20세기부터 동서 무역로의 교차점에 자리해 잇달아 히타이트와 아시리아, 이슬람 세력, 몽골, 맘루크 왕조와 오스만 제국의 지배를 받았다. 12세기에 건설된 모스크와 13세기의 성채, 17세기의 왕궁과 칸(전통 여관), 함맘(아랍식 공중목욕탕) 등이 독특한 도시 경관을 형성한다"라고 평가했다.

3장 | 아시리아의 영광 모술

티그리스 강은 터키 고원에서 흘러나와 메소포타미아의 북쪽 지역에 도착하자마자 인류 문명사에서 가장 오래된 도시인 니네베를 건설했다. 오늘날 이 일대 전체가 이라크의 니네베 주가 되었고, 티그리스 강 상류 서쪽 기슭에 위치한 주도 모술은 이라크에서 세 번째로 큰 도시로 발전했다. 아랍어로 연결점을 뜻하는 모술은 기원전 8세기에 메소포타미아 북부의 주요 도시로 발돋움했고, 1534년부터 1918년까지 오스만 제국의 지배를 받으면서 무역 중심지로 발전했다. 1927년 키르쿠크에서 제1구 유정 개발이 시작되면서 다시 예전의 명성을 되찾았다. 모술은 이라크 내 최대 소수민족인 쿠르드족이 모여 살고 있는 곳으로도 유명한데, 맞은편 기슭에는 고대 아시리아의 수도였던 니네베 유적이 있다.

티그리스 강 상류 서쪽 기슭에 위치한 모술은
오늘날 북부 이라크의 경제 중심지 역할을 하고 있다.

유프라테스 강이 알레포라는 고대 도시를 낳은 것처럼, 동쪽을 나란히 흐르는 티그리스 강도 터키 고원에서 흘러나와 메소포타미아의 북쪽 지역에 도착하자마자 인류 문명사에서 가장 오래된 도시인 니네베(『성서』의 니느웨)를 건설했다. 오늘날 이 일대 전체가 이라크의 니네베 주가 되었고, 주도인 모술(아랍어로는 알 마우실)은 여전히 중요한 위치를 차지하고 있다.

　아랍어로 연결점을 뜻하는 모술은 이라크에서 세 번째로 큰 도시로 티그리스 강 상류 서쪽 기슭에 있다. 오랫동안 실크로드의 중간 지점이자 아나톨리아와 걸프 지역을 잇는 요지로서 북쪽의 통로라고 일컬어졌다. 모술의 맞은편 기슭에는 3,000여 년 전 아시리아의 중심이었던 니네베 유적이 있다. 모술에는 오래된 성과 모스크, 마드라사(이슬람 학교), 수도원, 왕궁 같은 유적이 풍부하다. 1172년에 세워진 자미 알 카비르 모스크는 한쪽으로 비스듬히 기울어진 미나레트(아랍어로 등대라는 뜻으로, 이슬람 건축에서 기도 시간을 알려주는 탑—옮긴이)로 유명하다. 화강암의 정방형 기단 위에 세워진 미나레트의 높이는 52미터나 되고, 탑신에는 여러 가지 무늬가 조각되어 있다. 또 중간 부분부터 탑 꼭대기까지 기울어져 있는데, 그 모습이 가히 장관이다. 12세기에 세워진 무자히디 모스크는 우아한 아치형 천장으로 유명하다. 유누스 모스크는 니네베를 내려다보는 언덕 위에 세워졌는데, 이곳에 예언자 유누스(예언자 요나의 이슬람식 이름—옮긴이)의 무덤이 있다고 전해진다.

모술은 기원전 8세기에 메소포타미아 북부의 주요 도시가 되었고, 1534년부터 1918년까지 오스만 제국의 지배를 받으면서 무역 중심지로 발전했다. 1927년 키르쿠크에서 제1구 유정 개발이 시작되면서 다시 예전의 명성을 되찾았다.

아시리아의 수도 니네베

하느님께서는 북녘으로 손을 뻗으시어 아시리아를 없애시고, 니네베를 광야처럼 메마른 땅으로 만드시리라. —『성서』

티그리스 강과 유프라테스 강 사이에 자리 잡은 고대 문명의 발상지 메소포타미아는 특별한 매력을 지니고 있다. 한때 찬란한 역사를 자랑하던 아시리아의 수도인 니네베는 티그리스 강 상류의 동쪽 기슭에 자리 잡고 있으며, 모술과 강을 사이에 두고 마주한다. 니네베라는 이름은 『성서』에서 처음 찾아볼 수 있다. 메소포타미아 문명은 수많은 고고학자들을 매료시켜 19세기 중엽부터 발굴이 활발히 이루어졌고, 마침내 영국의 고고학자 오스틴 헨리 레어드가 『성서』 속의 도시 니네베를 발견했다. 이후 영국의 고고학 조사대가 여러 차례 이곳에서 발굴을 계속했다. 1950년대부터는 이라크 정부가 파견한 조사대가 일부 성벽과 성문, 왕궁을 재건해 서아시아의 중요 유적지로 만들었다.

예언자 요나

예언자는 구약 시대에 하느님의 심부름꾼 역할을 한 사람들을 말한다. 이들은 신의 대변자로서 신의 축복과 아울러 경고를 전달했으며, 사람들에게 악 대신 선을 따르고 거짓이 아닌 진실로 돌아가라고 충고했다. 예언자들은 저마다 나름의 의미를 지닌 임무를 갖고 있었고, 하느님의 말씀이 자신에게 닿는 것이 가장 큰 기쁨이었다. 그러나 예언자 요나만은 예외였다. 하느님의 말씀을 들었을 때 요나는 뛸 듯이 기뻐하기는커녕 오히려 삼십육계 줄행랑을 쳐 하느님의 명을 거역한 보기 드문 예언자로 기록되었다. 요나가 활동한 시기는 이스라엘 왕 여로보암 2세가 다스리던 기원전 8세기였다. 하느님은 아미때의 아들 요나에게 말했다. "일어나 니네베로 가서 크게 외쳐라. 이들의 죄악이 나에게까지 치솟아 올랐다."

요나가 예언자가 되기 몇 년 전에 이미 제국을 건설한 아시리아는 지중해 부근의 국가로 시선을 돌렸다. 오늘날 출토된 유물에는 아시리아인들이 정복국가의 백성에게 얼마나 잔혹하게 굴었는지가 상세히 기록되어 있다. 모든 정복지에 군대를 주둔시킬 수 없을 정도로 영토가 넓어지자, 아시리아인들은 후환을 없애기 위해 정복지의 백성을 남녀노소 가리지 않고 모조리 참혹하게 죽였다. 요나는 예언자로서 아시리아의 잔혹행위를 모른 체할 수 없었다. 게다가 아시리아의 군대가 조만간 이스라엘에 도착해 조국을 멸망시키고 동족을 학살할 것이었다. 그래서 온갖 악행을 저지른 니네베를 40일 안에 없애겠다는 하느님의 말씀이 이스라엘의 구원을 뜻한다고 생각한 요나는 무척 기뻐했다. 하지만 요나는 만약 니네베 사람들이 회개한다면 하느님이 분명히 생각을 바꾸어 이들의 죄를 용서할 거라는 생각에 두려워했다. 그렇다면 이스라엘이 화를 입을 것이 불 보듯 뻔했다. 하느님의 뜻을 배반하고 이스라엘을 구할 것인가, 아니면 하느님의 뜻을 받들어 니네베로 가서 심판의 날이 다가왔음을 알리고 니네베를 구할 것인가! 결국 동족에 대한 사랑이 승리를 거두어 요나는 니네베에 가지 않기로 결심하고 요빠 항에서 타르시스(당시 사람들이 서쪽 끝으로 여겼던 에스파냐 남쪽 연안 지역—옮긴이)로 떠나는 배를 타고 하느님을 피해 달아나려 했다.

요나가 자신의 말을 거스르자 하느님은 바다에 큰 폭풍우를 일으켰다. 높은 파도 때문에 배가 거의 부서질 지경이 되자 겁에 질린 뱃사람들은 도대체 누구 때문에 이러한 재앙이 닥쳤는지 알아보기 위해 제비뽑기를 했다. 배 밑창에서 잠을 자다가 제비에 뽑힌 요나는 그제야 자신이 하느님의 명을 거역해 노여움을 샀다는 사실을 털어놓았다. 요나는 뱃사람들에게 "나를 바다에 던지시오. 그러면 바다가 잔잔해질 거요"라고 말했다. 사람들이 요나를 바다로 던지자 폭풍우는 금세 멈췄고 바다도 잔잔해졌다. 큰 물고기가 요나를 삼키자 그는 사흘 밤낮을 물고기 배 속에서 자신을 물에 빠뜨려 죽지 않게 한 하느님께 감사드리고, 신의 위대함을 찬양했다. 요나의 기도를 들은 하느님은 물고기에게 요나를 육지에 뱉어내게 했다. 그리고 요나에게 두 번째로 말했다. "일어나 니네베로 가서 내가 너에게 이르는 말을 외쳐라." 요나는 하느님의 말씀을 따랐다.

니네베는 아주 큰 도시였다. 니네베에 도착한 요나는 "이제 사십 일이 지나면 니네베는 멸망한다!" 하고 소리치고 다녔다. 요나의 예언을 믿은 니네베 사람들은 단식을 선언하고 신분의 고하를 막론하고 모두 굵은 베옷을 입었다. 이 소식을 들은 니네베의 왕도 왕좌에서 일어나 겉옷을 벗고 굵은 베옷을 걸친 뒤에 잿더미 위에 앉아 단식했다. 회개하는 모습을 본 하느님은 마음을 돌려 약속한 재앙을 내리지 않았다. 잔뜩 화가 난 요나는 하느

『구약성서』에서 예언자 요나는 죄악으로 가득 찬 니네베의 멸망에 대해 예언하라는 하느님의 말씀을 피해 도망친 고집 센 예언자로 묘사된다.

님에게 "제가 이미 일이 이렇게 될 거라고 말씀드리지 않았습니까? 저는 당신이 자비롭고 너그러운 신이라서 분노에 더디고 자애가 크며, 벌을 내리다가도 쉬이 마음을 돌리는 분이라는 것을 잘 알고 있습니다. 그러니 하느님, 저의 목숨을 거두어주십시오. 이렇게 사느니 죽는 것이 낫겠습니다"라고 항의했다.

잔뜩 화가 난 요나는 니네베를 빠져나가 동쪽에 자리를 잡고 초막을 지었다. 그늘 아래 앉아서 니네베가 장차 어찌 될지 지켜볼 생각이었다. 하느님은 아주까리 하나를 요나의 머리 위로 자라게 해 그늘을 드리워 고통스러운 더위를 막아주었다. 그런데 이튿날 동이 틀 무렵에 하느님이 보낸 벌레가 아주까리를 쏠아 먹어 그만 말라죽고 말았다. 해가 떠오르자 하느님은 더운 바람을 일으켰다. 더운 바람에 해까지 머리 위로 내리쬐자 요나는 기절할 지경이 되었다. 요나는 다시 "이렇게 사느니 죽는 것이 낫겠습니다"라며 죽기를 청했다. 그러자 하느님이 요나에게 "아주까리 때문에 네가 화를 내는 것이 옳으냐?"라고 물었다. 그가 "옳다 뿐입니까? 화가 나서 죽을 지경입니다"라고 대답하자, 하느님은 "이 아주까리는 네가 심은 것도 또 키운 것도 아닌데 하룻밤 사이에 자랐다가 하룻밤 사이에 죽었다고 그토록 아끼는구나. 그런데 하물며 좌우를 구별할 줄도 모르는 사람이 십이만 명이나 살고 있고 또 수많은 짐승이 있는 니네베를 내가 어찌 아끼지 않을 수 있겠느냐?"라고 말했다.

아시리아 제국

기원전 3000년경에 메소포타미아 북부에서 아시리아라는 민족이 일어났다. 이들은 티그리스 강과 유프라테스 강 북쪽에 터전을 잡고, 동북쪽으로는 자그로스 산맥, 동남쪽으로는 소小자브 강과 경계를 이루며, 서쪽으로는 시리아 초원에 인접한 오늘날 이라크 국경 안의 메소포타미아 지역에서 주로 활동했다. 아시리아의 역사는 고대 아시리아 제국(약 기원전 2500~기원전 1500), 중기 아시리아 제국(약 기원전 1400~기원전 1078), 신新아시리아 제국(기원전 935~기원전 612)의 세 단계로 구분된다.

흥기

고대 아시리아 제국은 당시 수도였던 아슈르의 이름을 따 아슈르 시기라고 불리기도 한다. 아슈르에 최초로 살았던 민족은 후르리인으로, 약 기원전 3000년 중엽에 셈족의 한 갈래인 아카드인이 이곳으로 이주해 차츰 기존의 주민들과 섞이면서 아시리아인을 형성했다. 아시리아라는 이름은 도시의 수호신 아슈르와 제국의 수도이자 종교 성지인 아슈르에서 유래한다.

약 기원전 2006년에 우르 제3왕조(기원전 2119~기원전 2004)가 멸망하자 아슈르는 독립해 고대 아시리아 제국을 세웠다. 최고 권력기구는 귀족이 주도한 장로회의로, 이 회의에서 해마다 제비뽑기로 1년 임기의 림무를 선출해 재정을 맡겼고, 이샤쿠를 두어 회의 소집과 종교의식 주관, 공공 건축 및 군사 관리를 책임지게 했다. 이 밖에 토지와 사법을 관리하는 직위도 있었는데 대개 이샤쿠가 겸했다. 당시 토지는 공동 소유로 기간을 정해서 대가족이 이용하도록 분배했고 매매하는 경우는 거의 없었다. 공동의 의무를 지는 자유인이 주된 노동력이었고 노예는 드물었다. 지리적 이점을 이용해 주민들은 메소포타미아 북부와 아나톨리아 지역 사이에서 중개무역을 했는데, 점차 무역업이 발달하자 일부 귀족과 상인은 고리대금업을 겸해 많은 재산을 모았다. 기원전 19세기 말에 아나톨리아 무역지가 파괴되자 아시리아 지역의 아무르인(아모리인)들이 들고일어났다. 기원전 17세기에 아슈르가 아무르인 샴시 아다드 1세의 지배를 받으면서 아시리아는 새로운 시기로 접어들었다.

아무르인은 오랫동안 메소포타미아 북부에서 전쟁을 벌였고, 마침내 샴시 아다드 1세가 즉위하면서 유프라테스 강 중류의 마리를 함락하고 메소포타미아 북부를 다스렸다. 샴시 아다드 1세는 아슈르를 종교 중심지로 삼고, 자신은 북쪽 하부르 강 상류의 삼각 지대에 슈바트엔릴을 건설해 이곳에 머물렀다. 그리고 맏아들 이슈메 다간은 에칼라툼 시를, 둘째 아들 야스마 아다드는 마리를 통치하게 했다. 샴시 아다드 1세는 다시 디얄라 강 지역과 유프라테스 강 상류 일대를 정복하고 지중해 해안으로 세력을 넓혔

아시리아인은 돌에 전투와 맹수 사냥 같은 잔인한 행위를 새긴 다양한 유물을 남겼다.
이러한 유물은 아시리아인의 호전적 성격을 그대로 보여준다.

다. 메소포타미아에서 가장 강대한 나라를 세운 그는 스스로 천하의 왕이라 칭했다. 하지만 샴시 아다드 1세가 죽자 도시국가들이 하나둘 아시리아로부터 벗어나기 시작했다. 다시 힘을 키워 독립한 마리는 오히려 아시리아를 공격해 바빌로니아와 미탄니, 아람의 속국으로 전락시켰다.

 기원전 14세기에 미탄니가 내부 분쟁으로 쇠퇴했고, 히타이트는 수필룰리우마스 1세가 통일을 이루었다. 이때 아시리아에 아슈르 우발리트 1세가 즉위해 히타이트와 손을 잡고 미탄니를 공격해 굴복시켰다. 역사에서는 이를 고대 아시리아 제국이라 부른다. 이후 아시리아는 대외 확장을 지속해 바빌로니아의 카시트 왕조를 정복했고, 투쿨티니누르타 1세 때에는 바빌로니아를 복속시키고 메소포타미아 전체를 점령했으며 카르투쿨티니누르타에 새로운 수도를 세우기도 했다. 훗날 아시리아는 칼라(이라크 북부의 모술 남쪽에 위치한 고대 아시리아의 도시—옮긴이)를 비롯한 새로운 왕도를 몇 군데 더 건설했다. 그러나 아슈르는 여전히 제국의 종교 중심지 역할을 했다.

중기 아시리아 제국 시기에는 중앙집권적 전제정치가 강화되어 림무와 장로회의는 유명무실해지고 왕의 직속 관리가 등장했다. 국가는 자유민으로 구성된 상비군을 갖추었고, 대토지 소유자와 고리대금업자, 대노예주가 상위 계급을 형성했다. 고리대금업은 수많은 자유민을 채무 노예로 전락시켰다. 노예가 많지는 않았지만 채무 노예는 성행한 편이었고, 법전에도 채권자가 채무 노예를 구타할 권리가 있다고 명기되었다. 경제적으로는 공동체가 여전히 존재했지만 개인이 토지를 세습하거나 매매할 수 있었다.

짧은 침체기를 겪은 아시리아는 티글라트 필레세르 1세(재위 기원전 1115~기원전 1077) 시기에 다시 번영했지만, 기원전 11세기 말에 아람인이 물밀듯 밀려오면서 다시 쇠퇴했다. 하지만 기원전 10세기 말에 바빌로니아와 히타이트를 포함한 서아시아와 북아프리카의 대제국이 쇠퇴하거나 멸망하고 침략자 아람인이 현지인에 동화되자 아시리아는 다시 부흥할 수 있는 절호의 기회를 맞이했다. 기원전 9~8세기 무렵 철기가 보편화되어 생산력과 군사력이 크게 강화되자, 이를 바탕으로 아시리아는 기원전 8세기부터 진정한 의미의 제국을 열었다.

정복

지리적으로 이민족들에게 둘러싸인 아시리아는 다른 민족의 침략을 자주 받았다. 이런 특수한 지리적 환경에 자원이 한정적이라는 조건까지 더해져 아시리아인은 점점 호전적이 되었다. 그들은 끊임없는 정복만이 자신들이 가진 것을 지킬 수 있는 유일한 길이라고 생각했다. 그래서 하나의 정복이 끝나면 더 큰 정복을 하겠다는 야심을 키웠고, 결국 거대한 군사제국으로 탈바꿈했다.

아시리아의 대외 침략은 아슈르나시르팔 2세(재위 기원전 883~기원전 859) 때부터 시작되었다. 그는 시리아를 함락하고 카르케미시 부근까지 영토를 확장한 뒤에 페니키아 해안을 침략했다. 뒤를 이은 살마네세르 3세(재위 기원전 859~기원전 824)는 35년간의 통치 동안 무려 32차례에 걸친 원정을 통해 북쪽 아르메니아에서 남쪽 걸프 지역까지, 동쪽 자그로스 산에서 서쪽 지중해 연안에 이르는 광범위한 영토를 손에 넣었다. 기원전 746년에는 일찍이 칼라의 총독을 지낸 바 있는 티글라트 필레세르 3세(재위 기원전 746~기원전 727)가 즉위했다. 그는 반란의 와중에 왕위를 획득했고, 이후 아시리아가 최고의 전성기를 누리는 기초를 마련했다. 기원전 745년에 티글라트 필레세르 3세는 아람인에 대한 공격을 시작해 부락 몇 곳을 정복하고, 티그리스 강을 따라 남쪽으로 나아가 니푸르 일대를 차지한 뒤에 이 지역을 하나의 주로 만들었다. 기원전 744년에는 동남쪽에 대한 원정을 단행해 메디아의 일부 지역을 점령하고, 군대를 이끌고 남하하다가 엘람에 이르러 도시를 건설했다. 기원전 743년에는 다시 서쪽으로 원정을 떠나 우라르투의 북시리아의 여러 동맹국에서 7만여 명을 포로로 잡았다.

티글라트 필레세르 3세는 행정과 군사에서도 일련의 개혁을 감행했다. 행정에서는 기존에 총독이 관리하던 지역을 작은 지역으로 세분해 통치권을 재정비했고, 외곽에는 그 지역의 통치자를 보좌하면서 세금 징수와 군수품 비축, 부역, 병력 모집 등을 책임지는 아시리아인 관리를 임명했다. 이들은 왕에게 직접 보고할 의무가 있었기 때문에 왕은 관리들의 충성심과 능력을 점검할 수 있었다. 기원전 738년에는 이러한 주가 80개나 있었다. 이 밖에 전문적으로 소식을 전달하는 역전제도를 구축해 지방에 대한 통제력을 강화했다. 군사에서는 전차병, 기병, 중장보병, 경장보병, 공성병, 치

아시리아인들은 끊임없는 정복만이 자신들의 살길이라 생각했기 때문에 하나의 정복전쟁이 끝나면 곧 더 커다란 정복전쟁을 일으켰다.

중병(군수품을 실어 나르는 병사—옮긴이), 공병 등을 완벽히 갖춘 상비군을 육성했다. 모든 병사들은 갑옷과 방패, 투구를 갖추고 활과 단검, 긴 창을 무기로 삼았다. 전문적인 훈련을 받은 아시리아 군대의 행군 속도는 매우 빨랐고 전술에서도 탁월했다. 예컨대 아시리아 군대는 종종 바람을 넣어 연결한 가죽 주머니를 강 수면에 설치해 맞은편 기슭까지 연결한 뒤 그 위에 나뭇가지를 덮는 방법으로 부교浮橋를 만들어 강을 건넜다. 또 투석기와 공성추 같은 당시에 가장 강력했던 공성무기도 보유했다. 투석기를 이용해 거대한 돌과 불붙은 기름통을 멀리 떨어진 적진까지 쏘았고, 청동으로 만든 공성추는 성벽을 부술 때 사용했다. 티글라트 필레세르 3세와 후예들은 강력한 군대를 기반으로 정복전쟁을 계속해 아나톨리아 동부, 시리아, 페니키아, 팔레스타인, 바빌로니아, 이집트 등지를 정복해 메소포타미아와 북아프리카 일대에서 가장 강력한 군사제국이 되었다.

기원전 742년부터 티글라트 필레세르 3세는 시리아와 우라르투, 바빌로니아에 대한 공격을 단행했다. 같은 해에 아시리아 군대는 다시 시리아 원

아시리아의 왕들은 강력한 군사력을 기반으로 한 대규모 정복전쟁을 성공적으로 수행함으로써 국내에서 절대적인 권위를 행사했다.

정을 떠나 아르밧을 에워싸고 무려 3년 동안이나 공격을 지속해 승리를 거두었다. 기원전 739년에는 시리아와 팔레스타인, 페니키아 등의 19개국이 연합해 아시리아에 반항하자, 레바논 산악 지역에서 격전을 벌여 이들을 굴복시켰다. 기원전 732년에 아시리아는 다마스쿠스를 함락시켜 그 세력이 지중해 연안까지 도달했고, 티레와 비블로스 등이 공물을 바쳤다. 기원전 729년에 티글라트 필레세르 3세는 바빌로니아를 병합하고 스스로 바빌로니아의 왕이라 칭했다.

사르곤 2세(사르곤은 정통 왕이란 뜻을 가진 아시리아어 샤루 킨을 히브리어로 번역한 것이다―옮긴이) 때에도 대외 침략은 계속되었다. 먼저 사마리아와 이스라엘을 멸망시키고, 이어서 다마스쿠스와 사마리아의 연합군을 물리쳤다. 기원전 714년에 사르곤 2세는 우라르투로 진군해 성스러운 도시 무사시르를 점령하고 약탈했다. 나아가 시리아, 팔레스타인, 자그로스 산악 지

아시리아인들은 전쟁의 신인 아슈르를 최고신으로 섬겼고, 그래서 전쟁을 일으키는 것을 신의 뜻으로 여겼다.

역 대부분을 점령하고 미디안도 세력 아래 두었다. 사르곤 2세의 뒤를 이어 왕위에 오른 센나케리브(재위 기원전 705~기원전 681)도 확장정책을 고수해 20여 년에 걸친 재위 동안 대외 원정을 여덟 차례나 시도했다.

 메소포타미아의 패권을 차지하기 위해 아시리아는 기원전 688년에 바빌론을 함락한 뒤 파괴했고, 이후 바빌론은 수십 년 동안 아시리아의 지배를 받았다. 아시리아가 시리아를 점령하자 이곳에서의 우세를 빼앗기기 싫었던 이집트는 시리아 내 여러 작은 왕국들의 반란을 선동했다. 약 기원전 671년에 센나케리브의 아들 에사르하돈(재위 기원전 681~기원전 669)이 군대를 이끌고 시나이 반도를 넘어 이집트의 옛 수도인 멤피스를 함락하고, 스스로 상上이집트(삼각주와 북위 30도 이남의 나일 강 골짜기를 말한다—옮긴이)와 누비아의 왕이라 칭했다. 이집트는 기원전 651년에 파라오 프삼티크 1세 때에야 아시리아 점령군을 몰아낼 수 있었다. 기원전 663년에 아시리아 군대는 다시 남하해 단숨에 테베를 함락했다. 기원전 642년부터 기원전 639년까지 아시리아는 오늘날 이란 서남부 후제스탄(옛 이름은 아라베스탄)에 있던 고대 국가 엘람에 무려 3년 동안이나 공격을 퍼부어 도시 전체를 약탈하고 엘람을 아시리아의 속국으로 전락시켰다. 에사르하돈의 후계자가 바로 유명한 아슈르바니팔이다. 아슈르바니팔이 즉위했을 때 아시리아의 영토는 최대에 이르렀고, 그는 스스로 세계의 위대한 왕이라 칭했다.

한 세기에 걸친 정복전쟁을 거친 아시리아의 영토는 북쪽으로는 우라르투, 남쪽으로는 걸프 지역, 서쪽으로는 지중해 연안과 이집트, 동쪽으로는 이란에 이르렀다. 하지만 아시리아는 강력한 군사력에 의지해 세워졌기 때문에 내부적으로 민족 간의 대립이 끊임없이 벌어지고 있었다. 무엇보다 아시리아의 잔혹한 정책 때문에 피정복민들은 뼛속 깊이 아시리아를 증오했다. 그래서 아시리아는 일단 군사력을 잃으면 걷잡을 수 없는 위기에 빠질 수밖에 없었다. 여기에 통치계급 간의 갈등까지 더해져 한때 전성기를 구가하던 아시리아는 쇠퇴하기 시작했다. 아슈르바니팔의 통치 후기에 이르러 제국은 이미 약해질 대로 약해졌고, 그가 죽은 뒤에는 급격히 쇠퇴했다. 기원전 626년에 신新바빌로니아의 칼데아인과 동쪽의 메디아가 연합해 아시리아를 공격했다. 연합군은 기원전 612년에 니네베를 공격해 도시를 완전히 약탈하고 불을 질렀다. 이렇게 해서 거대한 아시리아 제국과 니네베는 역사에서 사라져버리고 말았다.

인류의 기나긴 역사에서 보면 아시리아는 한때 꽃을 활짝 피우고 금세 시들어버린 군사 강국에 불과하다. 하지만 아시리아가 역사에 미친 영향은 실로 길고도 강렬하다. 전쟁의 신인 아슈르를 최고신으로 섬기던 아시리아인에게 전쟁에 냉담한 것은 곧 신에 대한 모독이었기 때문에 전쟁을 자신들이 행할 수 있는 가장 신성한 사업이자 신에 대한 가장 영광스러운 의무라고 생각했다. 그래서 오늘날에도 이 지역 사람들의 생각 속에는 전쟁을 숭배하는 정신이 깊이 뿌리박혀 있다. 정복전쟁은 아시리아에 막대한 이익을 가져왔고, 뒤에 일어난 페르시아와 로마 역시 큰 자극을 받아 아시리아의 정복 행위를 모방하기도 했다.

피비린내 나는 사자굴

기원전 8세기에 아시리아의 센나케리브는 티그리스 강 왼쪽 기슭의 니네베로 수도를 옮겼다. 아시리아의 정복전쟁은 극도로 잔혹해 아시리아 군대의 발길이 닿는 곳마다 폐허가 되었고 주민들은 모조리 살해당했다. 그래서 유대 경전에서는 니네베를 "피비린내 나는 사자굴"이라 불렀고, 『성서』에는 "하느님께서는 북녘으로 손을 뻗으시어 아시리아를 없애시고, 니네베를 광야처럼 메마른 땅으로 만드시리라"고 기록되었다.

 니네베는 기원전 2500년을 전후해 진정한 의미의 도시를 형성하기 시작해 메소포타미아 지역의 문화 중심지가 되었고, 아시리아의 수도가 된 뒤에는 전성기를 누리기 시작했다. 산악 지역에 건설된 도시의 크기는 약 7.5제곱킬로미터로, 윤곽은 불규칙하다. 약 12킬로미터에 이르는 성벽은 이중으로 세워졌는데, 외벽에는 몸을 숨기고 적을 감시하거나 공격하기 위해 낮게 쌓은 담이 있고, 높이 세운 내벽에는 흙을 발랐다. 센나케리브는 전쟁에 신물이 나 있던 터라 니네베 건설에 많은 정성을 쏟았다. 그는 각 변이 약 200미터에 달하는 샤니나라이슈(비길 데 없이 훌륭한 물건이라는 뜻—옮긴이)라는 이름을 가진 왕궁을 지었다. 면적이 8제곱킬로미터로 아시리아 양식의 왕궁 두 개와 타원형 건물 한 개, 정원 등을 갖추었다. 센나케리브가 페르시아와 바빌로니아에서 대거 데려온 장인들은 향나무, 상아, 금은, 석회석 같은 귀한 건축 재료들도 함께 가져왔다. 왕궁은 사방이 꽃으로 둘러싸였고 주변 숲에는 물이 흐르고 푸르렀다. 우물 도르래와 두레박으로 구성된 정교한 급수시설은 끊임없이 물을 왕의 욕실로 보냈다. 욕실 내부에는 샤워 시설이 있었고 격자창과 통풍구가 신선한 공기를 쉴 새 없이 불어넣었다. 바퀴가 달린 이동식 난로는 추운 겨울 동안 왕궁의 난방을 책임졌다. 입구마다 돌에 새긴 소와 사자, 라마수(사람 얼굴에 황소의 몸을 하고 있고 독수리 날개와 다리 여덟 개를 가지고 있다—옮긴이)가 세워져 왕궁을 호위병처럼 지켰다. 센나케리브는 샤니나라이슈 왕궁 북서쪽에 왕실 가족을 위한 궁정을 지었고, 도시의 도로를 넓히고 공원을 건설하고 급수망을 구축해 60킬로미터나 떨어진 교외의 구릉 지대에서 물을 끌어왔다.

센나케리브의 후계자 에사르하돈은 니네베를 『성서』의 「요나」에서 묘사한 대로 인구 12만 명 이상이 사는 거대한 도시로 발전시켰다. 거대하고 호화로운 왕궁을 지은 아슈르바니팔은 점토판을 대규모로 수집해 니네베에 왕궁 도서관을 세웠다. 이것이 바로 세계 최초의 도서관으로 언어와 역사, 문학, 종교, 의학에 이르기까지 당시 아시리아인들이 알고 있던 각 지역의 서적을 수집했다. 도서관 유적에서 발견된 점토판에는 다음과 같은 아슈르바니팔의 말이 새겨져 있다.

나는 나부 신(아시리아인들이 숭배한 문서 기록과 지혜의 신—옮긴이)의 지혜, 즉 문자를 기록하는 완전한 기술을 배웠다. 〔……〕 나는 뛰어난 스승에게서 천하의 일을 배웠으며 또 생각했다. 〔……〕 독서는 지식과 기술을 향상시켜줄 뿐만 아니라 고귀한 능력을 키워준다.

도서관의 장서 대부분에는 아슈르바니팔의 이름이 새겨져 있고, 주를 달거나 자신이 수집했음을 밝혀놓기도 했다. 점토판 문서에는 "우주의 왕, 아시리아의 왕 아슈르바니팔"이라는 문구도 새겨져 있다. 어느 점토판에는 다음과 같은 시가 새겨져 있다.

나는 아슈르바니팔, 위대한 왕, 비범한 왕,
우주의 왕, 아시리아의 왕, 주변 세계의 왕,
왕 중의 왕, 아시리아의 최고 사령관, 무적의 군주.
바다 높은 곳에서 낮은 곳까지를 지배하고 있다.

기원전 7세기 중엽에 아시리아는 차츰 쇠락하기 시작했다. 기원전 612년에 바빌로니아에 살던 칼데아인과 동쪽 메디아의 연합군이 아시리아로 쳐들어와 니네베를 함락하고 도시 전체를 불태워버렸다. 이렇게 해서 니네베는 역사 속에 묻혀버렸다.

니네베가 피비린내 나는 사자굴이라는 악명을 갖게 된 것은 아시리아인이 피정복 지역에서 자행한 진혹한 정책과 무관하지 않다. 모든 정복지에 군대를 주둔시킬 수 없을 정도로 영토가 넓어지자 아시리아인은 남녀노소를 가리지 않고 정복지의 백성들을 모조리 죽여 철저히 화근을 없애는 방법을 선택했다.

아시리아의 왕은 피정복민의 참혹한 살해 과정을 자세히 묘사한 글을 돌에 새기는 데 공을 들였다. 오늘날 우리가 보기에 경악할 만한 이야기가 꼼꼼히 기록된 배경에는 바로 아시리아인들의 과시욕이 있었다. 아슈르나시르팔 2세의 비석에는 다음과 같은 글이 새겨져 있다.

아시리아인들은 후환을 없애기 위해 정복지의 백성들을 잔혹하게 살해하고,
그 과정을 자세히 묘사한 글을 돌에 새겼다.

적의 시체로 산골짜기를 메우니 산꼭대기까지 이르렀다. 나는 적들의 머리를 베어 그것으로 성벽을 장식했다. 우선 성문 앞에 벽을 세워 배반자의 우두머리에게서 벗겨낸 살가죽으로 둘러싸고 일부는 산 채로 벽 속에 쌓아올리고 일부는 산 채로 벽을 따라 세운 뾰족한 말뚝에 박은 뒤에 머리를 베었다.

기원전 743년에 아시리아는 시리아의 수도 다마스쿠스를 공격했다. 성을 함락한 아시리아 병사들은 격렬하게 저항한 이곳 주민들의 머리를 베었는데 그 높이가 언덕만 했다고 한다. 병사들은 윗부분을 뾰족하게 깎은 말뚝에 전쟁 포로 수천 명을 묶어 고통 속에서 천천히 죽어가게 했다. 여기에는 어린아이들도 포함되었다. 아시리아인은 포로를 땅바닥에 눌러놓고 입 안으로 손을 넣어 혀를 뽑거나, 땅에 말뚝을 몇 개 박아놓고 포로의 손과 다리, 허리를 그 위로 찔러 옴짝달싹 못하게 만들기도 했다. 그리고 날카로운 칼로 포로의 살가죽을 조심스레 벗겨내 한 조각 한 조각 찢은 뒤에 이것

1 2

1 아시리아의 통치자는 피정복지의 백성들을 잔혹하게 억압했다.
2 오르막이 있으면 내리막이 있는 것처럼 강력한 군사력을 기반으로 한 아시리아의 통치 역시 그리 오래가지 못했다.

을 성벽 위에 붙이거나 거리로 던졌다. 피정복민들은 공포에 떨었고 영원히 아시리아의 보복을 두려워하게 되었다. 아시리아인이 가한 형벌은 참혹하기 이를 데 없어 읽다 보면 오싹함을 느끼게 된다. 어쩌면 잔인함은 아시리아인에게 용감함을 드러내는 방법이었는지도 모른다.

 아시리아의 피비린내 나는 정복사업으로 땅은 끝없이 황폐해지고 사람들은 커다란 참상을 겪어야 했다. 이는 한편으로 피정복민들의 강렬한 저항을 불러일으켰다. 끊임없이 각지에서 일어나는 반란을 진압하느라 피로해지고 철기가 널리 보급되면서 생산력이 높아져 노예 수요가 하루가 다르게 늘어가자, 티글라트 필레세르 3세 때부터 아시리아인은 학살을 멈추고 상대적으로 온건한 정책을 실시했다. 그러나 이런 온건책도 끝내 아시리아를 구하지는 못했다. 정복전쟁을 일삼은 아시리아는 군사력 덕분에 강대해졌고, 결국 군사력 때문에 멸망했다. 니네베의 번영과 쇠퇴 역시 아시리아의 운명과 같이할 수밖에 없었다.

니네베 유적의 발견

수천 년이 흐르면서 사람들은 니네베라는 도시가 존재했다는 사실을 역사책에서만 읽을 수 있었다. 16세기부터 메소포타미아는 줄곧 오스만 제국의 통치 아래 놓여 있었고, 술탄의 소홀함 속에 메소포타미아의 찬란한 과거는 연기처럼 흩날려 사라져버렸다. 외부인의 눈에 비친 메소포타미아는 곳곳에 위험이 도사리고 있었다. 태양이 작열하는 사막, 곳곳에서 먹이를 노리는 사자, 콜레라와 이질 같은 전염병, 공공연히 약탈을 일삼는 도적떼, 호전적인 부족장, 부패한 정부관료 등으로 가득한 이곳을 여행하려면 엄청난 위험을 감수해야 했다. 하지만 고고학자들에게는 문명의 보물창고였다. 메소포타미아 문명의 신비는 수많은 탐험가들을 끌어당겼고, 이들의 목표는 『성서』 속 아시리아의 수도 니네베를 찾는 것이었다.

1621년에 메소포타미아를 방문했던 이탈리아의 탐험가 피에트로 델라 발레가 점토판에 새겨진 쐐기 모양 문자를 유럽에 전하면서 쐐기문자의 존재가 세상에 알려졌다. 1756년에는 덴마크 왕이 파견한 탐험대원 6명 가운데 5명이 전염병에 걸려 죽었지만, 카르스텐 니부어만이 살아남아 2,000년의 역사를 간직한 페르시아의 수도 페르세폴리스(오늘날 이란에 있음—옮긴이)에 도착했다. 그는 현지에서 발견한 쐐기문자 점토판을 여러 개 가져왔는데, 이 중에서 고대 페르시아에 대해 기록한 점토판이 최초로 해독되었다. 1802년에 영국은 정식으로 메소포타미아에 영사관을 설치하고, 1808년에 클라우디우스 제임스 리치를 영사로 임명했다. 학자이자 외교관이었던 리치는 고대사에 관심이 매우 컸기 때문에 바그다드 주재 영국 영사관은 고고학 활동의 중심지가 되었다. 리치의 꿈은 니네베를 찾는 것이었다. 1820년에 그는 바그다드 북쪽의 모술을 흐르는 티그리스 강 동쪽 기

오랜 세월 동안 사람들은 『성서』에 기록된 아시리아의 도시 니네베를 찾기 위해 많은 노력을 기울였다.

슭에서 언덕 두 개를 탐사했다. 이 중 쿠윤지크(많은 양 무리라는 뜻을 갖고 있다—옮긴이)라 불리는 언덕에서 깨진 도자기와 쐐기문자가 새겨진 점토판을 발견했다. 그러나 안타깝게도 리치는 본격적으로 발굴을 시작하기 전에 콜레라에 감염되어 죽고 말았다. 리치의 아내는 점토판을 모두 런던의 대영박물관에 팔아버렸다.

학자들이 쐐기문자를 연구하고 있을 때 탐험가들은 실제로 발굴에 착수했다. 오스만 제국의 프랑스 영사였던 폴 에밀 보타는 『성서』의 「요나」 부분을 지속적으로 연구했다. 1842년에 이라크 모술에 온 보타는 티그리스 강 왼쪽 기슭에서 쿠윤지크 언덕과 네비 유누스(예언자 요나라는 뜻을 갖고 있다—옮긴이) 언덕을 발견하고, 두 언덕이 바로 니네베의 유적이라고 확신했다. 하지만 네비 유누스 언덕에는 예언자 요나를 기리는 모스크가 있었기 때문에 마을 사람들이 발굴을 반대했다. 그래서 보타는 쿠윤지크 언덕 아래부터 발굴을 시작할 수밖에 없었다. 하지만 몇 주가 흘러도 벽돌 조각 몇 개 외에는 아무것도 찾아내지 못했다.

어느 날 북쪽으로 수 킬로미터 떨어진 호르사바드(아시리아의 도시 두르샤루킨—옮긴이)에서 문자가 새겨진 벽돌이 대규모로 발견되었다는 이야기를 들은 보타는 급히 달려가 황소 조각상과 긴 수염을 기른 인물 조각상, 라마수 조각상 등을 발굴했다. 사람 얼굴에 황소의 몸을 하고 사자의 꼬리와 날개를 가진 왕궁 호위병 케루빔과 4.5미터에 달하는 왕과 신의 석고 조각상을 비롯한 수많은 대형 조각상도 함께 발굴했다. 흥분한 보타는 즉시 자신이 니네베를 발견했다고 전 세계에 알렸다. 이 유물들은 프랑스로 옮겨져 유럽 사람들의 커다란 관심을 불러일으켜 아시리아학과 '아시리아 르네상스'라는 유행을 탄생시켰다. 그래서 이 시기의 가구와 장식품, 보석, 여성

의복에서는 아시리아 왕궁의 도안 스타일을 찾아볼 수 있다.

니네베 발견이라는 영예로운 칭호를 프랑스에 빼앗긴 것이 못내 못마땅했던 영국은 메소포타미아로 조사대를 보냈다. 1845년 콘스탄티노플 주재 영국 영사관은 고고학자 오스틴 헨리 레어드를 파견했다. 1847년에 레어드는 『성서』의 「요나」에 기록된 니네베에 대한 묘사를 근거로 쿠윤지크에서 발굴을 시작했고, 곧 보타가 장소를 제대로 찾기는 했지만 충분히 깊이 파보지는 않았다는 사실을 깨달았다. 레어드는 이곳에서 잇달아 아시리아 왕궁 두 곳과 케루빔 조각상, 유명한 검정 오벨리스크, 정교하고 아름다운 석판 조각 등을 발견했다. 그러나 이곳은 니네베가 아니라 아시리아의 또 다른 수도였던 칼라였다. 레어드가 발견한 칼라와 보타가 발견한 두르샤루킨(오늘날의 호르사바드—옮긴이)은 모두 역사적으로 아시리아의 수도였다는 공통점이 있다.

1849년에 레어드는 칼라에서 북쪽으로 60~70킬로미터 떨어진 곳에서 일찍이 메디아인들이 불태웠던 센나케리브의 왕궁을 발견했다. 이곳에는 수많은 그림과 쐐기문자가 새겨진 점토판, 큰 불에 탄 흔적이 있었다. 특히 왕궁 장서실에는 쐐기문자가 새겨진 크고 작은 점토판이 즐비했는데 가장 큰 것은 길이가 3미터, 너비가 2미터에 달했고, 가장 작은 것은 3센티미터 정도에 불과해 한두 행의 문자만 새겨져 있었다. 점토판은 2,500여 년 전 아시리아의 역사와 법률, 종교, 자연과학 같은 풍부한 지식을 담고 있어 당시를 연구하는 데 가장 가치 있는 문헌자료다. 이를 통해 사람들은 바로 이곳이 오랜 세월 동안 많은 사람들이 그토록 찾아 헤맸던 아시리아의 수도이자 예언자 요나가 거닐던 도시 니네베였다는 것을 알았다. 레어드는 발굴에 점점 박차를 가함과 동시에 라마수와 케루빔을 비롯한 진귀한 유물들

한때 찬란한 영광을 누렸던 왕의 도시는 오늘날 폐허로 변했지만,
고고학자들의 끊임없는 발굴 덕분에 과거의 모습을 점차 회복하고 있다.

을 끊임없이 런던으로 옮겼다. 레어드는 보타가 아닌 바로 자신이 니네베 유적을 찾아냈다고 굳게 믿었다.

1851년에 레어드는 대영박물관이 자금 지원에 인색하다는 사실에 분노해 영국으로 돌아왔다. 그러나 이라크, 프랑스, 독일, 영국, 미국의 조사대는 여전히 남아 산발적인 발굴을 계속했다. 레어드와 함께 쿠윤지크 언덕을 발굴했던 이라크의 고고학자 호르무즈드 라삼은 1852년부터 1854년까지 아슈르바니팔의 왕궁 대전과 유명한 아슈르바니팔 도서관을 발견했다. 도서관에는 종교 명문, 문학작품, 과학문헌, 역사기록, 법령문서 등과 함께 아시리아와 바빌로니아와 관련된 신화들이 기록된 점토판 2만여 점이 보관되어 있었다. 아슈르바니팔 왕궁 폐허의 벽에서는 유명한 부조「수렵도」와「빈사의 사자」가 발견되었다. 현재 이것들은 모두 대영박물관에 소장되어 있다.

1870년대 초, 대영박물관 연구원들은 수년에 걸쳐 레어드가 니네베에서

니네베 유적에서 발견된 쐐기문자 점토판은
당시 아시리아의 상황을 이해할 수 있는
여러 이야기를 들려준다.
그래서 메소포타미아의 고대 역사를 연구하는 데
가장 가치 있는 문헌자료로 평가받고 있다.

발견한 점토판 2만 4,000점을 해독하는 작업을 진행했다. 당시 연구원이 었던 조지 스미스는 깨진 점토판을 살펴보다가 믿을 수 없는 내용을 발견 했다. 점토판에는 고바빌로니아 때 신이 큰 비를 내려 사악하고 죄 많은 인 류를 벌했는데 우트나피슈팀만은 나무배를 만들어 가족과 동물들을 태워 홍수에서 살아남았다는 기록이 담겨 있었다. 이것이 바로 유명한 「길가메 시 서사시」 중 11번째 점토판의 내용이다. 점토판에 기록된 이야기는 『성 서』의 「창세기」에 나오는 노아의 방주 이야기와 무척 비슷했다. 서사시는 일인칭을 사용해 홍수를 목격하고 살아남은 자가 직접 서술했다는 걸 나타 냈다. 스미스의 발견은 엄청난 반향을 일으켜 노아의 방주 이야기가 진실 이라는 것을 증명한다는 주장과 『성서』의 이야기가 고대 신화에 근거해 쓴 것이라는 의견이 대두했다. 홍수 이야기를 기록한 점토판이 이미 깨져 있었기 때문에 런던의 한 신문사는 스미스를 니네베로 보내 깨진 점토판의 나머지 부분을 찾도록 했다. 놀랍게도 스미스는 일주일이 채 되기도 전에 잃어버린 점토판의 나머지 부분을 찾아냈다. 실로 기적이 아닐 수 없었다. 그러나 점토판에는 더 이상 홍수와 관련된 내용은 없었다. 계속 발굴하기를 원했던 스미스는 2년 뒤 병에 걸려 시리아에서 죽고 말았다. 1950년대에 이라크 정부는 고고학 탐사대를 파견해 지속적으로 발굴과 정리 작업을 진행하고 일부 성벽과 성문, 왕궁을 복원했다.

예언자 스바니야가 활동하던 시기의 이스라엘 백성들도 아시리아의 박해를 받은 적이 있다. 그래서 이들은 니네베가 사라졌다는 이야기를 듣고 매우 기뻐하며 "이것이 '세상에는 나밖에 없다'라면서 희희낙락 태평스레 지내던 그 도시냐? 어찌하여 그 도시는 들짐승이 깃드는 폐허가 되었느냐? 이곳을 지나는 사람마다 휘파람을 불며 손을 흔들어대리라"고 말했다. 그러나 오랜 기간에 걸친 탐험가와 고고학자, 과학자의 노력으로 사라졌던 니네베의 찬란한 영광은 다시금 사람들의 눈앞에 되살아났다.

발굴 결과로 유추해볼 때 산 위에 건설된 니네베는 둘레가 12킬로미터인 성벽으로 둘러싸여 있었는데, 이 중에는 너비가 45미터에 달하는 성벽도 있었다. 성벽에는 문이 모두 15개 있었는데, 동쪽 성벽이 약 5킬로미터로 가장 길고 6개의 문이 있었다. 남쪽 성벽은 80미터로 문이 1개밖에 없었고, 서쪽 성벽은 4킬로미터로 문이 5개, 북쪽 성벽은 2킬로미터로 문이 3개였다. 각 성문의 이름은 발굴 후에 재건한 북쪽 성벽의 아다드의 문과 이슈타르의 문, 서쪽 성벽의 엔킴두의 문, 동쪽 성벽의 샤마슈의 문처럼 신의 이름을 따서 지었다. 오늘날 아다드의 문 옆에는 아시리아 박물관이 있어 4,000년 전 아시리아 제국의 흥망성쇠를 엿볼 수 있다.

산 정상에 있는 센나케리브 왕궁의 문 앞에는 케루빔 석상 두 개가 서 있고, 곳곳의 대리석 부조는 아시리아인의 전투와 사냥, 연회, 노동 모습

등을 생동감 넘치게 묘사했다. 레어드는 아시리아 역사와 신화를 기록한 석조 벽화들을 일렬로 배열하면 그 길이가 무려 3.2킬로미터에 달할 거라고 말했다. 네비 유누스 언덕에는 예언자 요나의 모스크가 있는데, 전설에 따르면 예언자 요나가 바로 이곳에 묻혔다고 한다. 모스크 안에는 아직도 요나의 침구가 보존되어 있어 해마다 수많은 이슬람교도들이 참배를 하기 위해 찾아온다.

장기 왕조

12세기에 메소포타미아 북부에서 장기 왕조가 일어났다. 비록 수명이 짧고 국력도 약했지만 이슬람 세계의 영웅 살라딘을 배출했다는 점에서 커다란 의미가 있다.

튀르크인이 시리아와 이라크 북부에 세운 이슬람 왕조인 장기 왕조(1127~1262)는 튀르크 노예 출신의 장군인 왕조의 창시자 이마드 앗 딘 장기 이븐 아크 송쿠르(재위 1127~1146)의 이름에서 비롯되었다. 장기는 셀주크튀르크의 술탄 말리크 샤의 튀르크인 노예였지만, 훗날 아타벡(영어로는 아타베그. 어린 왕의 후견인이나 집정을 맡은 유력자를 가리킨다. 나중에는 왕 바로 아래에 있는 영주의 칭호가 되었다—옮긴이)의 지위까지 올랐다. 바스라의 사령관이었을 때는 술탄 편에 서서 반란군을 제압하기도 했다. 1127년에 술탄 마흐무드 2세로부터 모술 총독과 아타벡으로 봉해진 장기는 세력을 끊임없이 넓혀 알레포와 하란, 모술 등을 다스렸고, 마침내 모술을 수도로 삼아 장기 왕조를 세웠다. 1144년에는 십자군으로부터 에데사를 탈취해 십자군 왕국

1
2

1 시리아 지역을 차지한 누르 앗 딘 마흐무드는 팽창정책을 추구해 다마스쿠스를 병합하고, 나아가 이집트를 정복했다. 특히 그는 십자군에 대항하는 광범위하고 강력한 이슬람교도 전선을 형성했다.
2 장기 왕조 시기에 짓기 시작한 여러 건축물들은 아이유브 왕조 때에 이르러 완성되었다.

에 대한 지하드(성전聖戰)를 알렸다. 장기가 세상을 뜬 1146년에 왕조는 이미 시리아 대부분 지역과 메소포타미아를 거느린 강력한 이슬람 왕조로 성장해 있었다. 아타벡의 칭호를 이어받은 맏아들 사이프 앗 딘 가지가 모술을 수도로 정해 메소포타미아 지역을 지배했고, 둘째 아들 누르 앗 딘 마흐무드는 알레포를 수도로 삼고 시리아 지역을 지배했다.

아버지에게서 이슬람교 수호사업을 이어받은 누르 앗 딘(서양에서는 흔히 누레딘으로 줄여서 부른다—옮긴이)은 십자군과의 전쟁에서 중요한 승리를 거두었다. 1151년부터 1164년에 걸쳐 누르 앗 딘은 형 사이프 앗 딘과 연합군을 조직해 십자군이 세운 에데사 백국, 다마스쿠스, 안티오크 공국의 일부를 빼앗았다. 그리고 에데사 백국의 통치자 조슬랭 2세와 트리폴리 백국의 통치자 레몽 2세, 안티오크 공국의 통치자 푸아티에의 레몽을 포로로 잡아 십자군의 대대적인 반격을 저지했다. 1164년에는 이집트 파티마 왕조의 구원 요청을 받아들여 시르쿠와 그의 조카 살라딘을 파견해 십자군에 맞서게 했다. 이들은 여러 차례 승리를 거두었고, 연이어 파티마 왕조의 신하가 되었다. 1171년에 파티마 왕조를 전복시킨 살라딘은 여전히 누르 앗 딘을 주군으로 섬기면서 이집트에 아이유브 왕조를 세웠다.

누르 앗 딘은 변방을 튼튼히 해 십자군 세력을 견제하는 동시에 국내에 성벽, 보루, 성문, 관청, 숙박시설, 병원뿐만 아니라 모스크와 마드라사 같은 종교와 학문시설 건설에도 힘썼다. 다마스쿠스에 누르 앗 딘 마드라사를 세우고 유명한 하디스 학자들을 초빙해 전문적으로 이슬람 교리를 가르쳤고 알레포, 힘스, 하마, 바알베크 등의 도시에는 모스크 부속 마드라사를 세워 학생들에게 무료로 숙식을 제공하고 순니파 교의와 샤피파(순니파가 공인한 4개 학파 가운데 하나—옮긴이) 법학을 가르쳐 시리아에서 시아파가 영향을 미치지 못하도록 했다. 다마스쿠스에는 누르 앗 딘 병원을 세워 군인과 가난한 사람들을 무료로 치료하고 이를 의학교로 발전시켜 서아시아 각지의 학생들을 끌어들였다.

 1174년에 누르 앗 딘이 죽자 아들 앗 살리흐 이스마일(재위 1174~1181)이 왕위를 계승했다. 나이가 어렸던 이스마일은 삼촌 사이프 앗 딘의 보호를 받으며 다마스쿠스로 수도로 옮겼다가 십자군 세력의 위협을 받고 알레포로 물러났다. 같은 해에 살라딘이 다마스쿠스와 하마, 힘스를 점령하고 알레포로 밀고 들어와 이스마일의 지배를 알레포로 한정시키고, 이집트의 독립을 선언하는 협정을 체결하라고 강요했다. 1181년 이스마일은 알레포에서의 권력을 사촌 이마드 앗 딘 장기 2세에게 넘겼다. 1183년과 1185년에 살라딘은 잇달아 알레포와 모술을 점령하고 장기 왕조의 지배를 받던 시리아와 메소포타미아 각 지역을 아이유브 왕조에 복속시켰다. 1262년에 장기 왕조의 후손이 각지에 세운 봉건정권은 모두 맘루크 왕조에게 멸망했다.

쿠르드족

이라크 북부의 쿠르드족은 모술을 중심으로 활동했는데, 이들과 관련된 문제가 이라크의 근·현대 정치에서 매우 특수한 역할을 했다. 서아시아의 오래된 민족 가운데 하나인 쿠르드족의 인구는 약 3,000만 명으로 이 지역에서 아랍, 튀르크, 페르시아 민족에 이어 네 번째로 많다. 쿠르드족이 모여 사는 곳을 쿠르디스탄이라 부르는데 과거에는 오스만 제국의 통치를 받았다. 이슬람교를 믿는 쿠르드족은 대다수가 순니파로 쿠르드어를 쓰지만 고유 문자가 없어서 이라크와 이란에서는 아랍 문자를, 터키와 시리아에서는 라틴알파벳을 사용한다.

아랍 제국 후기에 쿠르드족은 여러 개의 봉건왕조를 세웠지만, 수차례에 걸쳐 튀르크와 몽골의 침략을 받았다. 12세기에 셀주크튀르크의 술탄 산자르가 처음으로 쿠르디스탄 주를 세웠고, 16세기 초부터 1630년대까지 봉건제도가 형성되었다. 19세기까지 쿠르드족은 오스만 제국 내에서 반*자치 상태를 유지했고, 제국이 붕괴하면서 쿠르드족도 분할되어 여러 나

1　2
3

1 이라크 쿠르드족은 줄곧 모술에 모여 살았다. 사진은 모술의 옛 모습이다.
2 서아시아의 오래된 민족 가운데 하나인 쿠르드족은 수많은 재난을 겪었다. 역사적으로 끊임없는 박해를 받았던 쿠르드족의 비극은 오늘날에도 계속되고 있다.
3 이라크 전쟁이 벌어지는 동안 미군이 계속 주둔했음에도 불구하고 이라크의 쿠르드족 문제는 완전히 해결되지 않았다.

라에 속했다. 제1차 세계대전 이후 쿠르디스탄은 터키와 이라크, 이란, 시리아, 레바논, 아제르바이잔, 아르메니아로 나뉘었다. 이 중 이라크에는 총인구의 5분의 1에 해당하는 약 400만 명이나 되는 쿠르드족이 살고 있어 최대 소수민족을 형성하고 있다. 오늘날 이라크의 쿠르드족은 독립국가를 세우기 위한 기회를 엿보고 있다.

이라크의 쿠르드족은 주로 북부에 모여 사는데, 땅은 험하지만 석유 생산량이 이라크 전체의 절반 이상을 차지하고 농·축산물도 풍부하다. 쿠르드족은 농·목축업을 위주로 생계를 이어오다가 석유가 발견되면서 일부는 석유산업의 노동자가 되었다. 독립에 대한 강렬한 염원을 품고 있는 쿠르드족은 1958년에 이라크공화국이 성립되자 이라크 정부를 상대로 수차례 담판을 벌였다. 1970년 3월, 이라크 정부와 쿠르드민주당KDP은 평화협정을 체결해 4년 안에 쿠르드족이 자치권을 갖기로 규정했다. 그러나 제한적인 자치권밖에 얻지 못했다고 여긴 쿠르드족은 1975년 3월에 다시 이라크 정부와 협의를 거쳐 술라이마니야를 비롯한 3개 주를 포함한 이라크 북부 자치구를 세웠다.

1980년부터 1988년까지 이어진 이란-이라크 전쟁과 1991년의 걸프 전쟁 동안 쿠르드족은 독립을 꾀했으나 이라크 정부군의 강력한 탄압을 받았다. 1991년에 미국과 영국, 프랑스는 쿠르드족을 보호하기 위해 이라크 영토의 북위 36도 이북 상공을 비행금지구역으로 설정했다. 이와 더불어 4만 4,000제곱킬로미터에 이르는 지역을 안전 지대로 선포해 이라크 군대의 진입을 전면 금지했다. 이 조치로 이라크 정부는 북부 쿠르드족 지역에 대한 제공권을 잃었다. 하지만 쿠르드족은 쿠르드민주당과 쿠르드애국동맹PUK으로 갈라져 서로 이라크 북부 지역을 장악하기 위해 20여 년간 투쟁을 벌였다. 쿠르드민주당과 쿠르드애국동맹이 권력 분배에 협의하면서 갈등은 완화되는 듯했지만, 1994년 이래로 권력 분배의 불평등을 이유로 여러 차례 무장충돌을 일으켰다. 1992년 5월에 쿠르드민주당과 쿠르드애국동맹은 역사상 최초로 선거를 실시해 6월에 의회를 성립하고 7월에 정부를 조직했지만 이라크 중앙정부의 승인을 받지는 못했다. 2001년 1월 쿠르드민주당과 쿠르드애국동맹은 대치 병력 감소와 교통 편의 제공 등과 관련된 협의를 이끌어내고 안전 협력 강화에 관한 연합성명을 체결했다. 같은 해 11월, 사담 후세인도 쿠르드족과 대화를 통해 문제를 해결하겠다는 의지를 비쳤다.

반反후세인운동이 시작된 이후 미국은 줄곧 쿠르드족의 후세인 정권 전복에 희망을 걸었다. 이라크에서 전쟁이 끝나면서 후세인의 시대도 막을 내렸지만 이라크 전쟁이 초래한 쿠르드족 문제는 여전히 지속되고 있을 뿐만 아니라, 오히려 날이 갈수록 무장충돌을 일으킬 수 있는 잠재 요인으로 발전하고 있다는 점에서 국제 사회의 우려를 사고 있다.

4장 | 영웅의 고향 티크리트

모술을 떠나 남쪽으로 약 300여 킬로미터를 내려가면 티그리스 강가에 위치한 티크리트라는 도시가 묵묵히 찾아오는 이들을 맞이한다. 오늘날 이라크 살라딘 주의 주도인 이곳은 인구가 채 3만 명이 안 될 정도로 작지만 이슬람 세계의 가장 위대한 영웅인 살라딘이 태어난 도시로 유명하다. 12세기에 티크리트에서 태어난 살라딘은 아이유브 왕조를 세워 이슬람 세계의 통일을 회복했을 뿐만 아니라, 유럽의 십자군 세력에 성공적으로 맞서 아랍인들뿐만 아니라 기독교 세계에서도 널리 존경을 받았다. 특히 그의 탁월한 지도력과 군사적 재능, 고상한 성품은 유럽인들에게 기사도 정신의 본보기로 여겨졌다. 그래서 살라딘을 둘러싼 전설적인 이야기가 지금도 전 세계적으로 널리 퍼져 있다.

아이유브 왕조를 세운 살라딘은 이슬람 세계의 전설적인 영웅이다.
그는 북아프리카에서 시리아, 메소포타미아에 이르는 제국을 건설하고
순니파를 신봉해 이슬람 세계의 통일을 회복했다.

  이라크 국경을 흐르는 유프라테스 강과 티그리스 강은 수많은 퇴적물을 실어와 비옥한 초승달 지대인 메소포타미아를 풍요롭게 만든다. 두 강을 따라 오랜 역사와 신비로운 색깔을 지닌 여러 도시들이 마치 아름다운 진주처럼 비옥한 평원을 수놓고 있다.
  모술을 떠나 남쪽으로 약 300여 킬로미터를 내려가면 티그리스 강가에 위치한 티크리트라는 도시가 묵묵히 찾아오는 이들을 맞이한다. 티크리트라는 이름은 티그리스 강에서 유래했다. 오늘날 이라크 살라딘 주의 주도인 이곳은 인구가 채 3만 명이 안 될 정도로 작지만, 이슬람 세계의 가장 위대한 영웅인 살라딘이 태어난 도시로 유명하다.

**이슬람의
영웅
살라딘**

아이유브 왕조

12세기에 활동했던 살라딘은 서유럽의 십자군에 성공적으로 맞서고 강력한 이슬람 왕조를 세워 이름을 널리 떨쳤다. 무엇보다 기독교 세계와 이슬람 세계가 서로 대립하던 시절에 살라딘만큼은 서유럽 군주들의 존경을 받았다. 그래서 살라딘을 둘러싼 전설적인 이야기가 지금도 세계적으로 널리 퍼져 있다.

서양에서는 살라딘으로 널리 알려진 살라흐 앗 딘 유수프 이븐 아이유브(1138~1193, 재위 1174~1193. 이하 살라딘으로 표기함—옮긴이)는 이집트 아이유브 왕조의 창건자로 중세 아랍 세계의 뛰어난 정치가이자 군사가다. 살라딘이 태어난 시기에 근동과 중동 지역에서는 여러 왕국이 난립하고 종교 분쟁을 겪고 있었다. 또 서유럽의 봉건영주와 로마교회가 일으킨 십자군 전쟁이 반세기 동안 이어지고 있었다. 십자군은 혈전을 통해 마침내 지중해 동쪽 기슭의 팔레스타인 지역을 점거하고 예루살렘 왕국을 비롯한 여러 작은 기독교 왕국들을 세웠다. 당시 이슬람 세계는 순니파였던 바그다드 압바스 왕조의 칼리프(이슬람 공동체의 통치자. 아랍어로는 칼리파라고 한다―옮긴이)가 최고 지배자였지만 이미 권위를 잃은 상태였다. 이집트의 파티마 왕조는 시아파를 따랐기 때문에 순니파였던 압바스 왕조를 인정하지 않았고, 장기 왕조 같은 이슬람 튀르크 정권도 명맥을 이어가고 있었다.

살라딘은 쿠르드족 출신으로 아버지 나즘 앗 딘 아이유브는 일찍이 온 가족을 이끌고 트빌리시(옛 이름은 티플리스. 오늘날 그루지야의 수도―옮긴이)에서 지금의 이라크 북부 티크리트로 옮겨왔다. 그는 셀주크튀르크의 술탄 말리크 샤에게 바알베크의 영주로 봉해졌지만 1138년에 해임되어 모술의 장기 왕조로 몸을 피했다. 이때 티크리트에서 아들이 태어나자 살라딘이라는 이름을 붙여주었다.

살라딘은 어려서부터 이슬람 학교인 마드라사에서 수준 높은 교육을 받아 독실한 순니파 신도로 성장했다. 여덟 살이 되던 해에 아버지와 함께 다마스쿠스로 건너가 청소년기를 보냈다. 굴곡진 삶은 그를 성숙한 아이로 만들었다. 당시 이라크 북부와 시리아를 통치한 장기 왕조의 가장 큰 적은 팔레스타인 연해 지역을 점령한 서유럽의 십자군과 이집트의 파티마 왕조였다. 젊은 살라딘은 이집트에서 순니파의 지배권을 회복하고 십자군에 대한 지하드를 추진하려는 야심을 키웠다.

파티마 왕조(909~1171) 아랍인이 북아프리카에 세운 왕조로, 예언자 무함마드의 딸 파티마의 이름을 땄다. 909년에 우바이드 알라 알 마디(이슬람교 시아파의 우두머리)가 튀니지에서 파티마의 후손임을 자처하고 나서, 스스로 마디(구세주)인 동시에 칼리프라 칭하고 마디야를 수도로 삼았다. 969년에 칼리프 알 무이즈가 노예 장군 자우하르에게 이집트 정복을 명했고, 973년에 카이로로 천도했다. 1171년 파티마 왕조의 신하였던 살라딘이 근위군의 지원을 받아 정변을 일으켜 파티마 왕조의 칼리프 알 아디드를 전복시키고 아이유브 왕조를 세웠다.

살라딘은 작은아버지 시르쿠에게서 훌륭한 인품과 군사 지휘술 등을 비롯한 여러 가지를 배웠다. 1164년에 예루살렘 왕국을 앞세운 십자군이 이집트를 침공해 장기 왕조의 군대를 포위하자, 당시 스물여섯 살이었던 살라딘은 장기 왕조 술탄의 명령을 받아 작은아버지 시르쿠를 따라 이집트로 출정을 떠났다. 3년 동안 이어진 전쟁은 실패로 끝났지만, 살라딘은 처음 참가한 전쟁에서 값진 경험을 했다. 1168년에 예루살렘 왕국의 아말릭 1세가 십자군을 이끌고 이집트를 침략하자, 장기 왕조는 시르쿠와 살라딘을 지원군으로 파견했다. 1169년 1월, 파티마 왕조의 칼리프 알 아디드는 승리를 거둔 시르쿠를 재상으로 임명했다. 하지만 두 달 뒤에 시르쿠가 갑자기 사망하면서 그가 이끌던 시리아 군대는 내분에 휘말렸다. 혼란을 잠재우기 위해 알 아디드는 살라딘을 재상으로 임명했다. 서른두 살에 재상이 된 살라딘은 수리시설을 정비해 농업을 발전시키고 세금 부담을 가볍게 해 백성들의 지지를 얻었다. 왕궁 근위대를 재정비하고 측근을 관리로 삼는 행태를 바로잡았으며 안팎으로 결탁한 반란군을 단호히 진압하고 십자군의 침입을 물리쳤다. 2년 뒤 살라딘은 실질적으로 이집트의 정치와 군사를 장악했다.

1171년에 살라딘은 이집트에서 자신의 세력을 굳건히 다지고 시아파가 주도권을 쥐고 있는 상황을 바꾸기 위해 시아파 법관을 순니파로 바꾸고 시아파 장교들을 제거했다. 9월 10일에는 카이로의 모스크에서 파티마 왕조가 아니라 압바스 왕조의 칼리프 이름으로 기도를 올렸다. 이튿날 카이로에서 성대한 군대 열병식을 거행했는데, 역사책에는 "이를 본 사람들은 모두 이처럼 훌륭한 군대를 갖춘 이슬람 세계의 왕은 없었다고 입을 모았다"라고 기록되었다. 며칠 뒤 살라딘은 파티마 왕조의 칼리프 알 아디드의 병이 위중한 것을 기회로 삼아 정변을 일으켜 아이유브 왕조를 세우고 이집트의 진정한 통치자가 되었다. 살라딘은 순니파를 신봉하고, 바그다드 칼리프의 권위를 승인했다.

살라딘은 이슬람 세계에서 가장 강력한 군대를 갖추었지만 표면적으로는 장기 왕조의 예속국으로서의 지위를 유지했다. 1174년 봄, 장기 왕조의 술탄 누르 앗 딘은 살라딘에 대한 통제를 강화하기 위해 이집트로 사람을 보내 군정기관의 내역을 조사하고 공물을 징수하게 했다. 살라딘은 군정기관의 상세 내역서는 제시했지만, 이 같은 기관을 유지하려면 막대한 자금이 필요하므로 공물을 바칠 수는 없다고 맞섰다. 이에 누르 앗 딘은 분노해 살라딘을 제거하려 했지만 돌연 열병에 걸려 죽고 말았다. 마침내 살라딘은 장기 왕조의 그늘에서 벗어나 십자군과의 전쟁을 이끄는 이슬람 세계의 지도자가 되었다.

전설적인 삶

누르 앗 딘의 죽음으로 장기 왕조가 분열되자 이 기회를 틈타 살라딘은 시리아와 이라크로 세력을 확장했다. 1174년 10월, 살라딘은 다마스쿠스 남쪽의 통로인 보스라로 나아갔다. 그러나 살라딘이 데려온 병사가 너무 적다고 여긴 보스라의 지방관은 "다마스쿠스의 주둔군이 당신에게 한 시간만 저항하면 주변 마을 사람들이 당신을 베어버릴 수 있습니다. 그러나 당신이 돈을 가져오면 일이 간단해집니다"라고 충고했다. 그러자 살라딘은 "우리는 5만 디나르를 가져왔소"라고 대답했다. 10월 28일에 살라딘은 칼에 피 한 방울 묻히지 않고 다마스쿠스에 입성했는데 도중에 다마스쿠스 수비군이 대거 투항했다.

살라딘이 다시 북쪽으로 올라가 힘스와 하마를 잇달아 점령하자 진격 속도를 늦추기 위해 알레포에서는 아사신파(11~13세기 이슬람의 종교적·정치적 분파인 니자리 이스마일파의 신봉자들로, 적을 살해하는 것을 종교적 의무로 여겼다—옮긴이)에게 살라딘의 암살을 의뢰했다. 어느 날 살라딘이 군영에서 여러 장군들과 식사를 하고 있을 때 갑자기 암살자 13명이 들이닥쳤다. 다행히 장군들의 호위로 살라딘은 무사했다. 일 년 뒤에 살라딘은 또다시 아사신파의 습격을 받아 상처를 입었지만, 암살자들은 모두 체포되어 잔혹하게 살해되었다.

1181년에 알레포를 지키던 앗 살리흐 이스마일이 병으로 세상을 뜨자 살라딘은 바로 공격을 감행했다. 1183년에 성채를 지키던 이마드 앗 딘 장기와 협상을 진행해 5개 도시와 알레포를 맞바꾸기로 했고, 6월 11일 밤에 알레포가 드디어 성문을 열었다. 알레포를 점령함으로써 살라딘은 시리아와 이집트의 실질적인 통치자가 되어 그 중간에 낀 십자군이 세운 왕국을 공격하는 데 온 힘을 쏟을 수 있게 되었다. 동생에게 보낸 편지에서 살라딘은 알레포를 포기한 장기 왕조를 비웃으며 "나는 은화를 주고 금화를 받았다"라고 말했다.

1187년에 살라딘은 십자군이 세운 왕국 중에서 가장 강력했던 예루살렘 왕국으로 진격했다. 7월 3일에 그는 티베리아스 호수 서쪽 기슭의 하틴에서 십자군을 포위했다. 살라딘의 군대가 십자군 군영 주위의 관목에 불을 붙이자 십자군은 짙은 연기에 숨을 쉬지 못했다. 지척에 티베리아스 호수가 있었지만 포위를 뚫을 엄두가 나지 않았던 십자군은 마실 물마저 부족해 극도의 갈증에 시달렸다. 한여름의 폭염 속에 수많은 십자군 전사가 갈

이슬람 세계를 통일하고 서유럽 십자군의 침입을 막는 데 커다란 공을 세운 살라딘은 기사도 정신과 군사적 재능, 고상한 성품 때문에 아랍인들뿐만 아니라 기독교 세계에서도 존경을 받았다.

증과 더위로 죽어갔다. 4일 새벽, 십자군의 지휘관인 레몽이 기사들을 이끌고 돌진해오자 살라딘은 그에게 포위망을 뚫고 도망갈 틈을 내주었다. 그리고는 다시 포위망을 조여 보병 전체를 포위했다. 결국 예루살렘의 십자군은 전멸하고 말았다. 이 전투가 벌어진 다음날 살라딘은 예루살렘을 재탈환하기 위한 전투를 시작했다.

  88년 전에 십자군이 예루살렘을 점령했을 때 대학살을 감행한 것과는 대조적으로 예루살렘에 입성한 살라딘의 군대는 예의 바르게 행동했다. 투항을 받아들일 때 체결한 협정에 따라 예루살렘의 남성 포로 한 명당 10디나르, 여성 포로 한 명당 5디나르, 어린아이는 한 명당 1디나르를 내면 석방시켰다. 몸값을 내지 못한 사람들이 노예가 될 처지에 놓이자 살라딘은 3만 베잔트(비잔틴 제국이 발행한 금화—옮긴이)만 받고 7,000명을 석방시켰다. 이 돈은 구호기사단의 금고 속에 남아 있던 잉글랜드 왕 헨리 2세의 것이었다. 살라딘은 십자군이 성전기사단의 본부로 사용했던 알 아크사 모스크를 복구시키고 교회로 사용되었던 바위의 돔에 있던 황금 십자가를 철거했다. 하지만 대성당을 헐어버리자는 건의는 듣지 않고 예루살렘의 성지를 모든 종교에 개방했다.

살라딘이 예루살렘을 점령했다는 소식이 전해지자 유럽은 당혹감을 금치 못했다. 과거 여러 차례에 걸친 십자군 원정으로 일구어낸 성과가 모두 무용지물이 되어버린 것이다. 교황 그레고리우스 8세는 유럽 각국의 군주에게 당장 일어나 행동을 취하라고 부르짖었다. 그러자 십자군의 열정이 되살아났고 신성로마 제국의 프리드리히 1세와 잉글랜드 왕 리처드 1세가 제3차 십자군 원정을 일으켰다. 1191년 6월, 잉글랜드 왕 리처드 1세가 먼저 아코(아크레)에 도착했다. 2년 동안 지속된 공격 끝에 아코 수비군은 십자군에 투항했다. 리처드 1세는 살라딘이 관용을 베풀었던 것과 달리, 20만 디나르의 몸값을 내지 못했다는 이유로 포로 2,700명을 모두 참수했다. 그는 계속해서 예루살렘으로 진격했지만, 살라딘의 정예부대가 버티고 있어 쉽게 나아가지 못했다. 1192년에 양측은 야포에서 결전을 벌였지만 승부를 내지 못했다. 전쟁터에서 리처드 1세가 낙마하자 살라딘은 동생 알아딜을 통해 말 두 필을 보냈고, 야포 결전 이후 리처드 1세가 병에 걸리자 의사를 보내주었다. 결정적인 승리를 거두지 못한 양측은 마침내 이슬람교가 팔레스타인의 내륙 지역을, 기독교가 해안 지대를 점유하는 협정을 체결했다. 살라딘은 관용을 베풀어 기독교도들의 자유로운 예루살렘 순례

제3차 십자군 원정(1189~1192)　　제3차 십자군 원정은 잉글랜드와 신성로마 제국, 프랑스의 연합군으로 이루어졌다. 그러나 당시 신성로마 제국 황제 프리드리히 1세가 아나톨리아에서 강을 건너다 물에 빠져 죽자 독일군은 퇴각했다. 잉글랜드와 프랑스 연합군은 바닷길로 도착해 예루살렘을 공격했지만, 얼마 뒤 지도자 간에 갈등이 빚어져 프랑스 왕 필리프 2세(존엄왕 필리프)가 군대를 철수시켰다. 병력이 약해진 십자군은 효율적인 공격을 하지 못하고 결국 퇴각할 수밖에 없었다. 이후 십자군과 살라딘은 협정을 맺어 순례자들의 자유로운 왕래를 보장했다.

를 허용하고, 자신들이 포획한 모든 종교 물품을 반환하기로 했다.

  1193년 2월 20일, 살라딘은 다마스쿠스에서 열병에 걸려 혼수상태에 빠졌다. 4일 새벽, 신학자가 살라딘의 침대 맡에서 『꾸란』의 구절을 반복해서 읽었다. 신학자가 "알라 외에는 신은 없나니, 그분은 보이지 않는 것과 보이는 것도 알고 계시는 자비로우신 분이시다. …… 나는 그분을 믿는다"라는 구절을 읽자 살라딘은 얼굴 가득 평온한 미소를 띠고 영면에 들었다. 그의 나이 쉰다섯이었다. 살라딘이 아들에게 남긴 마지막 유언은 "신의 뜻을 따르고, 백성의 마음을 붙잡고 이들의 안위를 지켜주어라"였다.

  살라딘은 아랍인들뿐만 아니라, 십자군과의 전쟁에서 보여준 탁월한 지도력과 기사도 정신, 군사적 재능, 고상한 성품 때문에 기독교 세계에서도 존경을 받았다. 살라딘은 내정에도 탁월한 능력을 보였는데, 교육에 관심을 기울여 학교를 세우고 이슬람 학자들을 환대해 이슬람의 교의를 해석한 책을 쓰게 했다. 학교에서는 이슬람 교의뿐만 아니라 철학, 천문학, 수학 등도 가르쳤다. 이 밖에 수리시설 건설을 중시하고 해외 무역을 장려해 이집트 번영의 기초를 마련했다.

  살라딘은 이슬람의 영웅일 뿐만 아니라 서양에서도 기사도 정신의 본보기로 여겨진다. 전설적인 술탄 살라딘을 기념하기 위해 독일 황제 빌헬름 2세는 다마스쿠스에 있는 그의 묘에 대리석으로 만든 석관을 기증하기도 했다. 오늘날에도 다마스쿠스의 우마이야 모스크 근처에는 매일같이 수많은 아랍인과 여행자들이 살라딘을 기념한다.

사담 후세인

중동을 주름잡다

한국 시간으로 2006년 12월 30일 12시 5분, 바그다드 북부에서 이라크의 전 대통령 사담 후세인이 교수형에 처해졌다. 수십 년 동안 세계 정계를 주름잡았던 인물은 이렇게 역사의 뒤안길로 사라졌다. 그러나 이라크는 지금도 여전히 전쟁의 불꽃 속에서 신음하고 있다.

사담 후세인(1937~2006)은 1937년 4월 28일, 티크리트 부근 알 아우자 마을의 한 농가에서 태어났다. 어머니가 지어준 사담이라는 이름은 아랍어로 맞서는 자라는 뜻을 갖고 있다. 그는 어려서 아버지를 여의고 외삼촌 밑에서 자랐는데, 독실한 순니파 신자였던 외삼촌은 훗날 자신의 딸을 후세인과 결혼시켰다. 후세인은 무장민족주의자였던 외삼촌에게서 많은 것을 배웠다고 회고한 바 있다. 새로운 가족은 후세인의 굴곡 많은 인생에서 충실한 지지자가 되어주었다. 후세인은 외삼촌의 손에 이끌려 바그다드의 민족주의계 학교에 다녔고 열여덟 살 때부터 본격적으로 정치운동에 몸담

이란-이라크 전쟁은 양국 간에 누적되어 있던 민족과 종교, 정치 갈등이 도화선이 되어 일어났고, 양국 모두에 커다란 피해를 입었다.

았다. 1956년 10월에는 친영親英 왕정을 타도하기 위한 쿠데타에 참여했지만 실패했다. 1957년에 바트당에 입당했고 금방 두각을 나타내 오랫동안 혁명지도평의회RCC 부의장을 맡았다. 1958년에 다시 쿠데타에 참여해 이번에는 성공을 거두었다. 하지만 1959년 10월에 아브둘 카림 카셈 총리를 축출하기 위한 저격단에 가담했다가 실패해 사형을 선고받고 시리아를 거쳐 이집트로 피신했다. 이집트로 건너간 후세인은 카이로 법과대학에 입학했고, 이때부터 그는 미국중앙정보국CIA과 접촉을 시작했다. 당시 미국은 이라크 정부와 공산당의 관계가 밀접해지는 것을 걱정했기 때문에 바트당을 비롯한 반정부 세력을 지원했다. 1963년 2월 8일, 바트당이 쿠데타를 일으켜 정권을 장악하자 후세인은 바그다드로 돌아와 당내에서 세력을 키웠다. 하지만 같은 해 11월, 당시 대통령 압둘 라만 아리프의 암살을 계획했다가 사전에 발각되어 1964년에 체포되었다. 그러나 옥중에서 바트당 부총장에 선출되었고, 1967년에 탈옥했다. 이후 바트당 내에서 후세인의 지위는 급속도로 높아져 오랫동안 부총장 직위를 맡았다.

1968년 7월에 후세인은 이라크로 돌아와 아리프 대통령을 몰아내는 쿠데타에 동참했다. 1969년 11월에는 혁명사령평의회 부의장으로 선출되어 명실상부한 이라크의 2인자가 되었다. 1972년 6월 1일부터 후세인은 외국 기업이 소유하던 석유산업을 국유화하고 석유로 벌어들인 수입을 쏟아부어 군대를 양성했다. 후세인은 군대 경험이 전혀 없었지만 장군이 되었다. 1975년 3월에는 이란 국왕과 이라크 국경 내에서 활동하는 쿠르드족 반란군에 대한 지원을 중단하는 협약을 맺었다. 1979년 7월에 이라크 대통령 아흐마드 하산 알 바크르가 사임하자 뒤를 이어 대통령이 되었고, 동시에 혁명사령평의회 의장과 총리, 바트당 사무총장 등 여러 직위를 겸해 당과 정부, 군대를 모두 장악했다. 집권기에 후세인이 일군 업적으로는 경제 발전과 이라크 통합을 꼽을 수 있다. 현대 국가가 되기 전 이라크는 오스만 제국의 일개 주로서 빈부 차이가 극심했고, 시아파와 순니파의 갈등, 아랍인과 쿠르드족의 오랜 원한, 부족 지도자와 도시 신흥 상인 간의 분쟁이 계속되고 있었다. 대통령에 취임한 후세인은 경제 발전과 복지에 힘써 국민의 지지를 얻었고, 당내 권력구조를 개혁해 쿠데타 발생 가능성을 차단했다.

1980년 9월 22일, 이란과의 국경 지대에서 일련의 충돌 사건이 일어나

바트당 모든 아랍 국가를 하나의 국가로 통일하는 것을 목표로 삼은 범아랍민족주의 정당. 1953년에 부흥당과 사회당이 합병해 '아랍 사회주의 바트당'으로 이름을 바꿨다. 1961년에 사회당이 탈퇴했지만 이름은 바꾸지 않았다. 시리아와 이라크의 집권당이며, 중동 여러 나라에 지부를 두고 있다. 바트당은 비동맹을 옹호하고 제국주의와 식민주의에 반대하며, 이슬람교의 긍정적인 가치관으로부터 영감을 얻고, 계급 구분을 무시하거나 초월하려고 애쓴다. 정당의 구조는 중앙집권적·권위주의적이다.

이란-이라크 전쟁(1980~1988) 1980년 9월 22일, 이라크 군대가 양국의 접경 지대에 있는 이란의 서부 지역을 침공함으로써 시작되었다. 전쟁의 원인은 양국 간에 산적해 있던 영토 및 정치 분쟁이었다. 이라크는 이란 국경 지역에 위치한 풍부한 석유 산출 지역인 후제스탄을 장악하려 했고, 이란은 샤트알아랍 강에 대한 영토권을 주장했다. 게다가 이라크의 후세인 대통령은 이란의 새로운 이슬람 혁명정부가 이라크 내 시아파의 반란을 선동하려는 데 대해 우려하고 있었다.

자 후세인은 무려 8년이나 계속된 이란-이라크 전쟁을 일으켰다. 당시 이란은 이슬람혁명이 일어난 직후였기 때문에 미국은 배후에서 후세인에게 화학무기를 포함한 전쟁무기를 대규모로 제공했다. 1988년 3월 16일, 이라크 군대는 쿠르드족이 사는 할라브자 마을과 인근 지역을 화학무기로 공격해 쿠르드족 민간인 5,000여 명을 집단학살하고 1만여 명에 이르는 부상자를 냈다. 스티븐 펠레티어는 「뉴욕타임스」에 기고한 글에서 미국중앙정보국이 현장에서 수집한 유독물질 샘플을 검사한 결과, 쿠르드족의 집단 사망은 이라크의 사이안화 수소(독성이 강한 무색의 액체 또는 기체로, 살충제로 주로 사용된다. 중독되면 호흡 곤란 및 마비로 급사할 수 있다—옮긴이) 사용 때문이라는 사실이 밝혀졌다고 주장했다. 이처럼 대규모 화학무기가 사용된 것은 제2차 세계대전 이후 처음이었으며, 민간인을 대상으로 화학무기를 동원한 군사행동으로는 최대 규모였다. 1988년 8월 20일, 마침내 이란-이라크 전쟁의 불길은 꺼졌지만 쿠르드족에 대한 이라크의 공격은 계속되었다. 게다가 후세인은 계속해서 장거리 미사일과 생화학무기를 개발하는 데 힘을 쏟았다. 8년 동안 이어진 전쟁은 이라크 경제에도 커다란 손실을 입혔다.

이 라 크   전 쟁

1990년에 이라크는 쿠웨이트를 침공해 걸프 전쟁을 일으켰다. 무려 8년간에 걸친 이란-이라크 전쟁으로 이라크 경제는 이미 심각한 타격을 입었고 석유 수출 의존도는 더욱 높아졌다. 1990년 8월 2일, 이라크는 쿠웨이트가 고의로 유가(油價)를 떨어뜨려 자국의 경제를 뒤흔들었다는 이유를 내세

1990년에 이라크는 쿠웨이트를 침공해 걸프 전쟁을 일으켰다. 국제연합 안전보장이사회는 즉각 경제 제재를 실시해 이라크를 국제무대에서 고립시켰다.

워 쿠웨이트를 침공하고 이라크의 19번째 주로 선포했다. 국제연합 안전보장이사회는 즉각 이라크에 경제 제재를 실시해 국제무대에서 철저히 고립시켰다. 1991년 1월 17일, 미국을 비롯한 다국적군이 사막의 폭풍 작전을 개시하면서 걸프 전쟁이 본격화되었다. 공습은 2월 28일에 멈췄고, 이라크 군대는 쿠웨이트에서 철수하기로 결정했다. 전 세계 여러 나라가 이라크에 제재를 가하면서 후세인의 권력에도 변화가 생겼다. 비록 1995년 10월 15일에 치러진 대통령 선거에서 득표율 99퍼센트로 당선되기는 했으나 사위 두 명이 부인과 함께 요르단으로 탈출했다. 이들은 후세인의 공식적인 사면 제의를 받고 1996년 2월 20일에 바그다드로 돌아왔지만, 며칠 만에 살해당했다.

2002년 10월 15일에 치러진 대통령 선거에서 후세인이 득표율 100퍼센트로 당선되자 미국은 후세인이 무력을 사용해 경선 라이벌을 억압했다고 비난했다. 같은 해 12월 7일에 후세인은 전쟁으로 쿠웨이트 국민에게 끼친 고통을 사과했으나, 침공 직전까지 쿠웨이트 정부가 취한 행동은 비판했다. 쿠웨이트는 후세인의 사과를 받아들이지 않았다. 2003년 2월 2일에

1 미국과의 충돌은 이라크 전쟁으로 이어졌고, 영-미 연합군이 이라크를 점령했다.
  하지만 이라크의 혼란한 정치 상황은 지금도 계속되고 있다.
2 걸프 전쟁은 실패했지만 이라크 내에서 사담 후세인의 지위는 안정적이었다.
3 체포된 후세인은 이라크 임시 정부의 특별법정에 출두했지만,
  자신의 유죄를 인정하지 않았다.

후세인은 이라크에 금지 무기가 있다는 사실을 부인하고 테러조직과의 어떤 연관도 부인했다. 3월 15일에 이라크는 전국을 4개 군사구역으로 나누어 전쟁에 대비했다.

3월 20일에 미국이 이라크 공격을 감행하면서 미국-이라크 전쟁(또는 이라크 전쟁)이 발발했다. 충격과 공포 작전을 개시한 미국이 4월 9일에 바그다드를 점령하면서 후세인 정권은 붕괴되었고, 24년간의 정치인생을 마감한 후세인의 행방은 묘연해졌다. 미군의 추적과 이라크의 각 정치파의 협력으로 후세인의 두 아들 우다이와 쿠사이는 체포되어 7월 22일에 미군에게 구타당해 사망했다. 미군이 포커 카드 55장에 각각 얼굴을 그려 수배령을 내린 이라크 지도부 가운데 대부분은 체포되거나 자수했지만, 후세인의 행방은 여전히 알 수 없었다. 미군은 후세인을 찾는 데 현상금 2,500만 달러를 내걸었고 마침내 2003년 12월 14일에 후세인은 고향인 티크리트 인근에서 체포되었다.

2004년 6월 30일에 미군은 후세인과 고위 관리 11명의 사법 구금권(사법 관할권 포함)을 이라크 임시 정부에 인도했다. 같은 날, 이라크 임시 정부의 사법부는 정시으로 후세인을 체포했다고 발표했다. 7월 1일에 후세인은 특별법정에 출두해 자신의 혐의를 들었다. 하지만 유죄를 인정하지는 않았다. 변호사가 법정에 나타나지 않았기 때문에 후세인의 첫 번째 부인이 국제 변호인단을 고용해 변호를 맡겼다. 이라크 특별법정이 고발한 후세인의 죄목은 다음과 같다.

1. 1982년에 두자일 마을 시아파 주민 140여 명의 처형을 명령했고, 1,000여 명을 고문하고 감금해 자신에 대한 암살 미수에 보복했다.

2. 1987년부터 1988년까지 안팔(전리품) 작전을 개시해 이라크 북부 지역에서 쿠르드족 말살을 지휘했다. 증언에 따르면 이 작전으로 쿠르드족 50만 명이 죽거나 현장에서 처형되었다고 한다.
3. 1988년에 화학무기로 할라브자 마을을 공격해 쿠르드족 약 5,000명을 죽이고, 1만 명에게 부상을 입혔다.
4. 1990년에 쿠웨이트를 침공해 7개월 동안 점령했다.
5. 1991년에 이라크 남부에서 시아파의 봉기를 탄압했다.
6. 1991년부터 이른바 아랍화 계획을 추진해 강제로 쿠르드족의 토지를 몰수하고, 쿠르드족 수천 명을 이라크 북부 지역에서 이란으로 쫓아냈다.
7. 1983년에 쿠르드민주당의 지도자 알 바르자니의 부족민 8,000명을 처형했다.
8. 1991년에 시아파 봉기를 탄압한 후에 이라크 남부 늪지대에 댐을 건설해 습지를 파괴했다.
9. 이라크 북부 도시와 석유의 주요 산지 키르쿠크를 박격포로 공격했다.
10. 1974년에 시아파 종교인 5명을 처형했다.
11. 반정부 정치인사들을 암살했다.
12. 종교 단체들을 박해했다.
13. 비종교 단체들을 박해했다.
14. 정치 단체를 탄압했다.

2006년 12월 30일, 이라크 현지 시간으로 아침 6시가 넘은 시각에 미군이 캠프 크로퍼라고 이름 붙인 비밀 장소에서 후세인의 사형이 집행되었다. 이라크 방송은 국가와 함께 "후세인의 사형은 이라크의 어두운 역사의 종결을 상징한다"라는 자막을 내보냈다. 이어서 후세인의 사형 집행 장면과 유해가 시체 운반용 부대에 넣어지는 모습을 방송했다. 후세인의 유해는 자신이 태어난 알 아우자 마을에 묻혔다. 조지 워커 부시 미국 대통령은 성명을 통해 후세인의 사형은 이라크 민주주의 발전의 이정표라고 밝혔다. 그러나 후세인의 사형이 집행된 날이 이슬람의 최대 축제인 이드 알 아드하(희생제)였기 때문에 이슬람 세계에서 강한 비판을 받았다.

후세인은 저서도 여러 권 남겼다. 2003년에 미국이 이라크를 침공하기 직전에 후세인은 1,500년 전 유프라테스 강변에 거주했던 어느 부족이 이민족의 침입에 저항해 결국 승리를 거둔다는 내용의 『꺼져라, 악마들』이라는 소설을 썼다. 후세인의 맏딸 라가드가 요르단으로 도망가면서 이 원고를 함께 가지고 갔다. 라가드는 아버지가 이라크 전쟁이 발발하기 하루 전에 이 소설을 완성했다고 밝혔다. 이 소설은 2006년에 일본 도쿠마쇼텐 출판사에서 '악마의 춤'이라는 제목으로 출간되었다. 우리나라에서도 2003년에 후세인의 첫 소설 『자비바와 왕』이 출간된 바 있다. 『자비바와 왕』은 백성을 위해 호화로운 생활을 포기한 지도자의 이야기를 담고 있다.

5장 | 도시 박물관 바그다드

762년에 압바스 왕조의 칼리프 아부 자파르 알 만수르가 평화의 도시(마디나트 아스살람)라 이름 짓고 바그다드를 아랍 제국의 새로운 수도로 삼았다. 이후 여러 칼리프들의 피땀 어린 노력 덕분에 8세기 중엽부더 9세기까지 크게 번영해 당시 바그다드는 카이로, 코르도바와 함께 이슬람 세계의 3대 문화도시로 불렸다. 1258년 훌라구, 1401년 티무르의 침략을 받았고, 1534년에는 오스만 제국의 지배를 받았다. 1917년에는 영국에 점령당했다. 1921년에 이라크는 독립을 선언하고 바그다드를 수도로 정했다. 오늘날의 바그다드는 현대적인 도시로 거듭나 이라크의 정치·경제·상업·문화 중심지로 기능하고 있다. 도시 중심지에는 현대적 건물과 오래된 건물이 공존해 독특한 경관을 형성한다.

티그리스 강 양쪽 기슭에 걸쳐진 바그다드는 메소포타미아의 보석으로 불린다.

유프라테스 강과 티그리스 강은 어깨를 나란히 하고 남쪽으로 흐르면서 마치 쌍둥이 자매처럼 서로 점점 가까워진다. 메소포타미아 평원 근처에 이르면 두 강 사이의 거리는 불과 40킬로미터 정도밖에 되지 않는다. 바로 이곳에서 바그다드가 탄생했다.

바그다드는 티그리스 강 양쪽 기슭에 걸쳐 있으며, 유프라테스 강과는 불과 30킬로미터 떨어져 있다. 강의 동쪽은 루사파, 서쪽 지역은 카르크라 불리며, 시의 주요 지역은 모두 동쪽에 집중되어 있다. 두 지역은 여러 개의 다리로 서로 연결되어 있다.

일찍이 기원전 18세기 고바빌로니아의 「함무라비 법전」에서 바그다드(신이 내린 도시라는 뜻)를 언급했는데, 당시 이곳은 군사 요지였다. 7세기에 아랍 제국이 일어나면서 제2의 전성기를 맞이했다. 762년에 압바스 왕조의 칼리프 아부 자파르 알 만수르가 평화의 도시(마디나트 아스살람)라 이름 짓고 바그다드를 아랍 제국의 새로운 수도로 삼았다. 이후 여러 칼리프들의 피땀 어린 노력 덕분에 8세기 중엽부터 9세기까지 크게 번영했다. 상인들이 몰려들어 점포가 빽빽하게 들어섰고, 중국의 비단과 도자기를 전문적으로 파는 상점도 생겨났다. 학자들이 모여들고 문화가 발전해 왕조의 정치·경제·문화·종교의 중심지가 되었다.

830년에 칼리프 알 마문은 바그다드에 지혜의 전당이라는 뜻을 가진 바이트 알히크마라는 국립학술연구기관을 세우고 여러 민족의 학자들을 불러들여 그리스, 페르시아, 인도의 고전 저술을 수집·정리하고 아랍어로 번역해 과학과 문화 발전을 촉진했다. 9세기부터 11세기까지 바그다드의 이슬람 학술 연구는 바야흐로 전성기에 접어들었다. 수피파, 무타질라파, 아샤리파(알라의 절대성을 강조하는 보수적인 이슬람교 학파—옮긴이) 등을 비롯한 각 파의 학자들은 책을 쓰고 학설을 정립해 꾸란학과 하디스학, 교의학, 스콜라신학을 비롯한 문학과 예술 방면에서 두루 커다란 성과를 거두었다. 그래서 당시 바그다드는 카이로, 코르도바와 함께 이슬람 세계의 3대 문화 도시로 불렸다. 오늘날 이라크에는 우르와 하트라 같은 고대 도시의 유적지가 남아 있어 과거 바그다드에서 꽃피웠던 찬란한 문명의 흔적을 찾아볼 수 있다.

바그다드는 1258년 훌라구, 1401년 티무르의 침략을 받아 일 한국과 티무르 제국의 통치를 받았다. 1534년에는 오스만 제국의 지배를 받았고, 1917년에는 영국에 점령당했다. 1921년에 이라크는 독립을 선언하고 바그다드를 수도로 정했다. 오늘날의 바그다드는 현대적인 도시로 거듭나 이라크의 정치·경제·상업·문화 중심지로 기능하고 있다. 도시 중심지에는 현대적 건물과 오래된 건물이 공존해 독특한 경관을 형성한다.

압바스 왕조

747년에 노예 출신인 아부 무슬림이 약 90년간 아랍 세계를 다스린 우마이야 왕조를 무너뜨리고, 750년에 압바스 왕조(750~1258)를 세웠다. 압바스 왕조는 처음에 쿠파를 수도로 삼았다가 762년에 바그다드로 옮겼고, 1258년에 몽골에게 멸망당하기 전까지 500여 년 동안 지속되었다. 압바스 왕조 시기는 아랍 제국의 황금기로, 제국의 영토를 가장 넓혔고 정치와 사회가 안정되었으며 농업과 상업이 발전하고 문화가 발달했다. 압바스 왕조의 안정은 아랍 제국이 새로운 시대로 접어들었음을 의미한다.

바그다드를 건설한 알 만수르

우마이야 왕조는 아랍 제국 최초의 세습왕조다. 우마이야 가문은 메카 쿠라이시족의 12개 가문 중 가장 세력이 강했다. 우마이야 가문의 지도자였던 아부 수피안은 예언자 무함마드를 박해해 그를 메디나로 이주시켰다.

무함마드가 생전에 후계자에 대해 어떤 지시도 하지 않았기 때문에 그의 사후 이슬람 세계는 칼리프 선출을 둘러싸고 오랫동안 분열되었다. 644년에 우마이야 가문 출신이자 무함마드의 첫 번째 추종자였던 우스만 이븐 아판이 3대 칼리프가 되면서 우마이야 가문의 세력이 커졌다. 하지만 우스만은 656년에 암살당했다. 뒤를 이어 무함마드의 조카이자 사위인 알리 이븐 아비 탈리브가 칼리프의 지위를 계승했다. 그러자 그의 육촌인 시리아 총독 무아위야 이븐 아부 수피안이 대규모 내전을 일으켰다.

무아위야는 아부 수피안의 아들로 630년에 아버지와 함께 이슬람교에 귀의했다. 633년에 시리아 원정에서 큰 공을 세워 다마스쿠스의 지사가 되었고, 661년에 마지막 정통 칼리프인 알리가 암살당하자 반대 세력을 진압하고 칼리프가 되었다. 이때부터 그는 무아위야 1세가 되었다. 679년에 무아위야 1세는 아들 야지드 1세를 칼리프 계승자로 선포했고 아랍 제국은 세습왕조가 통치하는 봉건국가가 되었다.

우마이야 왕조의 통치기에는 가장 큰 반대 세력인 시아파가 그림자처럼 함께한다. 시아파는 우마이야 왕조의 칼리프를 인정하지 않았고, 칼리프는 반드시 예언자 무함마드의 사위인 알리의 후손 중에서 이어야 한다고 주장했다. 알리의 맏아들 하산과 둘째 아들 후사인이 잇따라 살해당하자 시아파의 분노는 극에 달했고, 우마이야 왕조는 끊임없이 시아파와 대립할 수밖에 없었다. 4대 칼리프 시기에 우마이야 왕조에 대적하는 전투적 행동주의자인 하와리즈파가 형성되었다. 우마이야 왕조의 현명하지 못한 종교정책이 민중의 반발을 사자 이들은 우마이야 왕조를 무너뜨리기 위해 힘을 모았다.

747년에 마왈리(비아랍계 이슬람교도로, 같은 이슬람교도면서도 아랍인의 차별을 받아 낮은 계층 취급을 받았다—옮긴이) 출신의 페르시아인 아부 무슬림은 세금 경감을 명목으로 호라산 지역에서 페르시아인을 선동해 반란을 일으켰다. 알 만수르와 형 아부 알 압바스, 작은아버지 아브드 알라 등을 비롯한 압바스 가문의 사람들이 하나둘씩 앞으로 나서 반란의 지도자가 되었다. 쿠라이시족 하심 가문 출신인 알 만수르의 원래 이름은 아부 자파르 알 압바스로, 예언자 무함마드의 작은아버지 알 압바스의 5대손이다. 알 만수르는 공을 세워 이름을 떨치고 나서 얻은 이름으로 승리자라는 뜻을 갖고 있다. 749년에 형 아부 알 압바스가 쿠파에서 칼리프로 즉위하면서 압바스 왕조의 통치가 시작되었다. 아부 알 압바스는 학살자라고 불릴 정도로 성격이 잔혹해 우마이야 왕조의 사람들을 한 명도 남김없이 죽여버렸다.

754년에 아부 알 압바스가 세상을 떠나자, 당시 최고로 용맹한 장군이었던 아부 무슬림의 도움을 받은 알 만수르가 작은아버지 아브드 알라를 누르고 칼리프의 자리에 올랐다. 알 만수르는 형 아부 알 압바스처럼 잔인하고 결단력이 있었을 뿐만 아니라 지략도 뛰어났다. 그는 과감하게 여러 교파를 섬멸하고 잇달아 시아파와 하와리즈파의 반항을 잠재웠을 뿐만 아니라, 알리의 고손자인 아브라힘과 무함마드까지 살해했다. 나아가 아부 무슬림을 비롯한 공신들을 제거하고 전제집권을 강화하는 동시에 자신을 신격화했다.

알 만수르는 왕조를 다스리는 데도 뛰어난 재능을 보였다. 먼저 칼리프의 절대적 권위를 세우는 데 힘을 쏟아 압바스 왕조의 칼리프는 더 이상 예언자의 대리인에 그치지 않고 알라의 대리인, 즉 지상에서 알라의 그림자가 되었다. 금요일 예배를 드릴 때마다 백성들은 칼리프를 위해 기도드렸고, 많은 어용御用 신학자들이 곳곳에서 압바스 왕조의 번영을 선전했다. 페

1 압바스 왕조 시기에 아랍 제국은 밖으로 확장을 꾀해 영토를 넓혔고, 안으로는 정치와 사회가 안정을 이루어 황금기를 구가했다.
2 칼리프 알 만수르 때부터 건설되기 시작한 바그다드는 곧 이슬람 세계의 3대 문화도시로 발돋움했다.
3 압바스 왕조의 건설자 아부 알 압바스는 우마이야 왕조의 사람들을 한 명도 남기지 않고 죽였다.
4 칼리프 알 만수르 시기에 사용된 금화다.

르시아 호로산인을 중심으로 다민족 군대를 조직해 상비군제도를 갖추었고, 세수에서는 우마이야 왕조와 달리 인두세(지즈야)보다는 토지세(하라즈)에 비중을 두었다. 법률은 『꾸란』에 근거해 확정했고, 페르시아의 제도를 토대로 완벽한 행정체제를 수립하고 관료체제를 개선해 중앙집권을 강화했다. 하지만 아미르라 불리던 사령관과 총독 같은 유력자들이 칼리프에게서 대大아미르라는 칭호를 받아 와지르(재상)와 하지프(시종)를 통괄하며 권력을 장악해 후대 칼리프들은 권력을 잃고 말았다.

  바그다드의 번영은 알 만수르와 밀접한 관계가 있다. 쿠파는 친親알리파 도시였기 때문에 아부 알 압바스는 안바르에 하시미야 성을 세우고 수도로 삼았다. 하지만 하시미야 성이 수도로서 적합하지 않다고 생각한 알 만수르는 티그리스 강가에 자리한 작은 마을 바그다드를 새로운 수도로 결정했다. 그는 바그다드에 대해 "티그리스 강은 우리를 머나먼 중국과 연결해주고 각종 해산물과 메소포타미아와 아르메니아를 비롯한 주변 지역에서 생산되는 곡물을 우리에게 가져다줄 수 있다. 또 이곳에는 유프라테스 강이 있어서 시리아와 라카를 비롯한 주변 지역의 물산을 얻을 수 있다"라고 평가했다. 알 만수르는 758년부터 시리아와 메소포타미아 지역에서 인부 10만 명을 모집하고 488만 3,000디르함(아랍 제국에서 사용한 은화. 화폐와는 별도로 중량 단위로도 사용된다—옮긴이)을 투입해 장장 4년에 걸쳐 새로운 수도를 건설했다.

  762년에 알 만수르는 바그다드로 수도를 옮기고, 이곳에 평화의 도시라는 이름을 붙였다. 둥글게 원형으로 설계되어 원형 도시라 불리기도 했다. 도시에는 외벽, 중간벽, 내벽의 삼중 성벽이 세워졌고 중앙에 있는 칼리프의 왕궁을 중심으로 동심원을 이루었다. 외벽은 깊은 도랑으로 둘러싸여 있었고, 성벽마다 성문이 네 개 있었다. 길 네 군데가 수레의 바퀴살처럼 원의 중심에서 성문을 향해 뻗어 있어 동서남북 어느 곳이나 거리가 똑같았다. 내벽의 안쪽에는 왕족의 거처와 모스크, 도서관, 정원 등이 있었다. 773년에 알 만수르는 도시 외곽의 티그리스 강기슭에 또 다른 왕궁을 지었는데, 이곳의 정원은 천국의 정원에 비교될 정도로 아름다웠다고 한다. 이어서 강 동쪽 기슭에 세 번째 왕궁을 건설해 후계자 알 마디의 거처로 사용했다. 강의 동서 양쪽 기슭은 부교浮橋로 연결했다.

신이 내린 도시라는 이름처럼 바그다드에는 분명 신의 도움이 존재했다. 반세기가 채 되지 않는 짧은 시간에 작은 마을에서 인구 백만 명이 넘는 대도시로 탈바꿈해 이슬람 세계의 중심이 되었고 박물관 도시라는 명예까지 얻었다. 8세기 중기부터 9세기까지 칼리프 하룬 알 라시드와 알 마문 통치기에 바그다드는 더욱 발전했다. 830년에 칼리프 알 마문은 바그다드에 국립학술연구기관인 지혜의 전당을 세우고 이름 높은 학자들을 불러들였다. 그리고 그리스, 페르시아, 인도 등지의 고전 저술을 수집해 정리하고 이를 아랍어로 번역해 과학과 문화의 발전을 촉진했다. 9세기부터 11세기까지 바그다드의 이슬람 학술 연구는 바야흐로 전성기에 접어들었다. 수피파, 무타질파, 아샤리파의 학술활동이 매우 활발해져 바그다드에 30여 개에 이르는 마드라사가 설립되었다. 이 중에 11세기 셀주크튀르크의 와지르였던 니잠 알 물크가 세운 니자미야 마드라사와 13세기에 칼리프가 설립한 무스탄시리야 마드라사가 가장 유명하다. 중세의 그 어떤 도시도 바그다드의 명성과 화려함을 따라오지 못했고, 바그다드는 순식간에 당시 카이로, 코르도바와 어깨를 나란히 하며 이슬람 세계의 3대 문화도시가 되었다.

775년 10월 7일, 알 만수르는 메카 순례를 가던 도중에 사망해 인근에 묻혔다. 압바스 왕조가 500여 년 동안 지속된 것은 모두 알 만수르가 기초를 탄탄히 닦아놓은 덕분이다. 그는 신이 내린 도시 바그다드가 역사에 길이 이름을 남기고 이슬람 문화를 널리 퍼뜨리는 데 큰 역할을 했다.

칼리프 하룬 알 라시드

압바스 왕조의 5대 칼리프 하룬 알 라시드(재위 786~809)는 페르시아에서 태어나 어려서부터 페르시아 바르마크 가문의 야히아 이븐 할리드에게서 훌륭한 교육을 받았다. 어른이 된 하룬 알 라시드는 두 차례에 걸쳐 군사를 이끌고 비잔틴 제국 원정을 떠났다. 두 번째 원정에서는 콘스탄티노플 맞은편의 보스포루스에서 당시 비잔틴 제국의 섭정을 맡고 있던 황후 이레네를 압박해 이슬람교도에게 유리한 조건으로 평화조약을 체결했다. 이 원정이 성공하면서 그는 올바른 길을 따르는 자라는 뜻을 가진 알 라시드라는 칭호를 받았고, 786년에 칼리프를 계승했다.

칼리프 하룬 알 라시드는 페르시아 호라산 왕조의 통치 경험을 바탕으로 중앙집권을 강화하고 카디(이슬람 법률 샤리아에 따라 판결을 내리는 이슬람의 법관—옮긴이) 직위를 만들었다. 전국의 교통 요지에 역참을 세워 긴밀한 정보망을 구축해 지방관과 백성에 대한 감독을 강화했고, 수리시설 건설에 힘을 쏟아 오늘날의 이라크 지역에서 물길을 열고 제방을 쌓아 농업을 발전시켰다. 일정한 수입을 확보하기 위해 카디 아부 유수프에게 명해 토지세 징수 기준을 토지 면적이 아닌 매년 수확량으로 규정하는 조세법도 제정했다.

수공업이 크게 번성하면서 압바스 왕조에서 생산되는 방직제품, 유리그

칼리프 하룬 알 라시드는 압바스 왕조의 전성기에 이슬람 세계를 다스렸다.
그의 호화스러운 궁정 생활이 『천일야화』에 기록되어 있다.

릇, 도자기, 칼, 갑옷 등이 유럽에서 큰 인기를 끌었고, 각국의 상인들이 너도나도 바그다드로 모여들었다. 바그다드는 사방으로 개방되어 있어 머나먼 동양, 서유럽, 심지어 북유럽 상인들까지 드나들었다. 경제 발전은 문학과 예술의 발단을 촉진해 각지의 시인, 문학가, 학자가 몰려들었다. 이들은 민족이나 종교에 따른 제한을 받지 않고 학문의 자유를 최대한 누렸다. 프랑크 왕국의 카롤루스 대제(샤를마뉴 대제라고도 함—옮긴이)는 797년과 802년에 잇달아 두 차례 사절을 보냈고, 하룬 알 라시드는 801년과 807년에 사절을 보내 답방했다. 압바스 왕조는 중국의 당唐과도 활발하게 교류했다. 바그다드와 당의 수도 장안은 바다에서 걸프 지역을 거쳐 인도양과 말라카 해협을 지나 광주에 닿는 향로의 길로, 육지에서는 페르시아와 중앙아시아를 경유하는 실크로드로 연결되었다.

하룬 알 라시드는 사치스러운 군주이기도 했다. 왕궁과 시종, 환관, 고위 관리가 거주하는 건물이 바그다드 도시 면적의 3분의 1이나 차지했다. 왕궁의 응접실은 동양에서 생산된 최고 품질을 자랑하는 카펫과 커튼, 방석 등으로 장식했고, 하룬 알 라시드의 아내인 주바이다의 식탁에는 보석이 박힌 금은 그릇만 놓을 수 있었다. 전하는 이야기에 따르면 하룬 알 라시드는 카바 신전(메카에 있는 신전으로, 아브라함과 아들 이스마일이 알라의 명을 받들어 지었다고 전해진다—옮긴이)을 참배하는 데만 300만 디르함을 썼다고 한다. 여기에는 무려 40킬로미터나 떨어진 샘에서 메카로 물을 끌어오는 시설비도 포함되었다. 하룬 알 라시드의 아들 알 아민(재위 809~813)은 어느 날 저녁 작은아버지 이브라힘 이븐 알 마흐디가 아부 누와스의 시 몇 구절을 노래했다는 이유로 30만 디르함을 하사했다. 노래를 업으로 삼았던 이브라힘이 평생 알 아민에게서 받은 돈은 총 2,000만 디르함에 달했는데,

이는 여러 주에서 징수하는 토지세에 맞먹는 금액이었다. 하룬 알 라시드의 어머니 알 하이주란의 연 수입도 1억 6,000만 디르함에 달했다고 한다. 압바스와 같은 집안인 하심 가문 사람들도 빈번하게 국고에서 거액의 보조금을 타갔다. 알 무타심(재위 833~844)대에 이르러서야 이러한 관례가 철폐되었다.

압바스 왕조의 사치스러운 생활을 통해 당시 바그다드의 호화로움을 추측할 수 있는데, 이는 왕조의 번영과 함께 나날이 커졌다. 하룬 알 라시드 칼리프 시대부터 바그다드는 황금기에 접어들었다.

칼리프 알 마문

압바스 왕조의 7대 칼리프는 하룬 알 라시드의 아들 알 마문(재위 813~833)이다. 하룬 알 라시드는 생전에 본부인인 주바이다의 아들 알 아민을 후계자로, 이란인 후궁에게서 태어난 알 마문을 알 아민의 후계자로 삼았다. 그러나 칼리프에 즉위한 알 아민은 알 마문을 폐하고 자신의 맏아들을 후계자로 세웠다. 이 때문에 형제가 서로 권력을 놓고 다투는 내전이 벌어졌다. 813년에 바그다드를 함락시킨 알 마문은 알 아민을 죽이고 칼리프를 계승했다.

알 마문은 수리시설 개선에 힘쓰고 토지세를 경감했고, 수공업과 상업을 발전시켜 각국의 상인들은 바다와 육지 모두에서 활발하게 왕래했다. 바그다드의 부둣가 길이는 수 킬로미터에 달했고 각양각색의 선박 수백 척이 정박해 있었다. 시장에서는 중국에서 가져온 도자기와 비단, 인도와 말레이 군도에서 온 향료와 광물, 염료 등을 팔았다. 이 밖에 중앙아시아 지역에서 가져온 루비, 청금석, 직조품, 노예, 스칸디나비아와 러시아에서 가져온 꿀, 밀랍, 모피, 백인 노예, 아프리카 동부에서 넘어온 상아, 금, 흑인 노예도 거래되었다.

바닷길은 두 갈래로 나뉘었는데 동쪽 길은 바스라 항에서 걸프 지역을 떠나 인도와 중국에 닿았고, 남쪽 길은 홍해를 거쳐 바벨-만답 해협을 떠나 동아프리카 연안과 부근 섬들에 닿았다. 육지에서는 바그다드를 중심으로 동쪽으로는 옛 실크로드를 따라 사마르칸트에 이르렀고, 서쪽으로는 시리아, 이집트, 북아프리카, 에스파냐까지 연결되었다. 남쪽으로는 헤자즈, 예멘에 닿았고, 북쪽으로는 발트 해 연안에 이르렀다. 기록에 따르면 알 마문 시대에 전국에서 거둔 세금 액수가 3만 8,829만 디르함에 달했다고 한다.

알 마문의 통치기에는 아랍 문화가 찬란한 빛을 발해 수도 바그다드는 경제뿐만 아니라 문화도 크게 발달했다. 알 마문은 학술 연구를 장려해 830년에 국립학술연구기관인 지혜의 전당을 세웠다. 이것은 기원전 3세기 전반에 세워진 국립연구소 무세이온(박물관이라는 뜻을 지닌 'museum'의 어원—옮긴이) 이후 가장 중요한 학술기관이다. 지혜의 전당 안에는 과학관과 번역관, 천문관을 세우고 종교와 민족 차별 없이 학자들을 초청해 연구하고 강의하게 했다. 지혜의 전당 안에 있던 도서관은 풍부한 장서를 자랑했다. 알 마문은 이슬람 세계에 처음으로 그리스 철학을 소개한 인물이기도 하다. 그는 무타질라파의 이성주의에 근거해 종교와 철학에 관한 새로운 관점을 제기했다.

830년 전까지만 해도 번역은 기독교도와 유대교도, 새롭게 이슬람교에 입문한 사람들에 의해 개별적으로 진행되었다. 하지만 알 마문은 새로 설

1 칼리프 알 마문의 통치기에 압바스 왕조의 번영은 절정에 이르러, 수도인 바그다드는 아랍, 나아가 전 세계의 중심이 되었다.
2 압바스 왕조의 수도 바그다드는 경제뿐만 아니라 문화도 크게 발달해 세계 문화사에 길이 빛날 위대한 유산들을 남겼다.

립한 과학원에서 번역 작업을 진행시켜 백여 년 동안 지속된 번역운동을 등장시켰다. 그는 각지로 사람을 파견해 고서를 수집한 뒤에 거액을 주고 동서양의 번역가들을 초빙해 그리스, 로마, 페르시아, 인도, 시리아의 고서를 아랍어로 번역했다. 이때 번역된 그리스 서적만 해도 백여 종에 달했다고 한다. 이는 세계 문화사에 길이 기억될 빛나는 업적이다.

압바스 왕조는 칼리프의 즉위식, 왕실 결혼식, 카바 신전 참배, 사신 접대 등의 기회를 이용해 왕실의 화려함을 안팎으로 드러냈다. 825년에 알 마문은 와지르 알 파들 이븐 살의 딸과 결혼하면서 어마어마한 거액을 썼다. 부부가 서 있던 자리는 황금과 진주, 사파이어로 장식했고, 사람들은 커다란 진주 1,000알을 황금 쟁반에 담아 신혼부부의 몸에 뿌렸다. 90킬로그램짜리 용연향 초는 어두운 밤을 대낮처럼 환히 밝혔고, 결혼식에 참석한 왕실 가족 및 친척, 고관, 귀족 들은 영지와 노예, 예물 등을 하사받았다. 917년에 칼리프 알 무크타디르가 콘스탄티누스 7세의 사절단을 접견할 때는 기병과 보병 16만 명, 환관 7,000명, 시종 700명이 칼리프의 행렬을 뒤따랐고, 열병식에는 사자 100마리가 포함되었다. 왕궁의 휘장 3만 8,000폭 가운데 1만 2,500폭은 금으로 수를 놓았고, 바닥에는 2만 2,000개에 이르는 카펫이 깔려 있었다. 진주와 보석이 눈부시게 빛나는 모습에 외국 사절들은 시종과 재상의 집무실을 칼리프의 접견실로 오해할 정도였다.

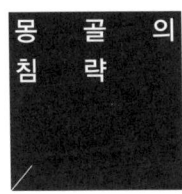
몽골의 침략

칼리프 알 마문 이후 압바스 왕조는 전성기를 지나 쇠퇴하기 시작했다. 각지에서 끊임없이 반란이 일어나 잇달아 독립을 선언하자 실질적으로 칼리프가 지배하는 범위는 수도 바그다드와 주변 지역에 불과할 정도로 줄어들었다. 1258년에 몽골이 바그다드를 함락하고 마지막 칼리프인 알 무스타심을 죽이면서 압바스 왕조의 500년간의 통치도 끝이 났다.

칭기즈 칸이 서요西遼(이슬람 역사가들은 흑거란이라는 뜻을 가진 카라 키타이라고 부른다—옮긴이)를 멸망시키자, 몽골의 서쪽 국경은 중앙아시아의 강대국인 호라즘(지금의 우즈베키스탄 북서쪽 일대—옮긴이) 왕국과 맞닿았다. 1219

호라즘 1077년에 아무다리야 강 하류 유역, 지금의 히바에 세워졌다. 기원전 6세기에는 페르시아 제국의 한 주였다가 기원전 4세기 초에 독립했고, 이후 쿠샨 왕조의 통치를 받았다. 3세기에는 다시 페르시아 사산 왕조의 지배를 받았고, 7세기 말을 전후해 아랍인에게 정복되었다. 11세기부터 13세기까지는 셀주크튀르크의 지배를 받았는데 이때의 영토는 페르시아 동부와 아프가니스탄까지를 포함한다. 1219년에는 칭기즈 칸에게 정복되었다가 1388년에 다시 티무르에게 정복당했다. 이후에는 또다시 페르시아의 통치를 받았다.

1	2
3	

1 칭기즈 칸은 13세기 초 몽골의 위대한 지배자로, 유목 부족들로 분산되어 있던 몽골을 통일하고 칸에 올라 영토를 크게 넓혔다.
2 여러 차례에 걸친 정복활동으로 단련된 몽골 철기병 앞에서 아랍 세계는 속수무책이었다. 철옹성으로 불리던 바그다드 성도 결국 몽골의 손아귀에 떨어졌다.
3 바그다드가 함락된 이후 아랍 세계의 여러 민족들은 모두 몽골에 항복했다.

년에 칭기즈 칸은 직접 군대를 이끌고 원정을 떠나 5년 만에 호라즘을 정복했다. 이것이 몽골의 제1차 서방 원정이다.

1236년에 우구데이 칸(오고타이 칸)은 바투를 보내 볼가 강 서쪽 지역의 나라들을 정복하기 위한 제2차 서방 원정을 시작했다. 몽골군은 잇따라 카스피 해와 카프카스 산맥 이북 지역, 루시(지금의 러시아), 콜롬나(지금의 모스크바 주 동남쪽에 있는 도시), 블라디미르(지금의 러시아 모스크바 동북쪽), 로스토프, 모스크바, 키예프공국의 블라디미르볼린스키(지금의 우크라이나 서북쪽 볼린 주에 있는 도시) 등을 점령하고 폴란드와 체코, 헝가리로 진격했다. 1242년에 우구데이 칸이 죽자 칭기즈 칸의 자손들은 칸위 계승에 관심을 보였다. 당시는 몽골과 송*이 전쟁을 계속하고 있었기 때문에 몽골의 지배 세력은 유럽에서 벌어지는 전쟁에 관심을 기울일 겨를이 없었다. 1259년에 몽케 칸이 죽자 바투는 킵차크 한국을 세우고 사라이를 수도로 삼아 200여 년 동안 루시를 통치했다.

호라즘을 멸망시키고 볼가, 킵차크, 루시, 폴란드, 헝가리를 정복하자 몽골의 세력은 중앙아시아와 유럽까지 확장되었다. 1251년에 몽케가 몽골 칸위를 계승했을 때 페르시아 국경 안에는 티바레스탄 지역(지금의 이란 북부 마잔다란 주)의 무라이(또는 무라히드) 왕조와 바그다드의 압바스 왕조라는 두 개의 독립국가가 있었다. 무라이인들은 몽골 상단을 빈번하게 공격했다. 1252년에 몽케 칸은 몽골 한국의 권익을 보호하고 영토 확장이라는 할아버지 칭기즈 칸의 유훈을 지키기 위해 동생 훌라구에게 페르시아 공격을 명했고 이로써 몽골의 제3차 서방 원정이 시작되었다.

훌라구는 칭기즈 칸의 넷째 아들 툴루이의 다섯째 아들로 몽케, 쿠빌라이와 마찬가지로 툴루이의 정실인 소르칵타니의 소생이었다. 열여덟 살이 되던 해에 사촌 형 바투의 원정길에 동행해 동유럽의 대초원을 누비며 오늘날의 헝가리 국경까지 쳐들어갔다. 우구데이 칸이 죽고 몽골이 후계자 싸움에 휩싸이자 훌라구는 바투 등과 연합해 1251년에 큰형 몽케가 대칸의 지위에 오르도록 도왔다. 이후에도 우구데이계 대칸을 세우려는 세력과의 전쟁에서 큰 공을 세웠다.

1257년 1월, 훌라구는 무라이 왕국 전체를 점령하고 3월에는 아랍 세계의 강국 압바스 왕조로 진격했다. 당시 칼리프였던 알 무스타심은 이에 맞서 7만 대군을 조직했다. 훌라구는 먼저 키트부카에게 기병을 이끌고 무라이와 바그다드 사이의 산간 지역으로 진입해 하마단에서 바그다드로 가는 길을 열라고 명령했다. 그리고 병력을 셋으로 나누어 바그다드로 나아갔다. 오른쪽을 맡은 바이주는 알 마우실(지금의 이라크 모술 지역)에서 티그리스 강을 건너 바그다드 서북부로, 왼쪽을 맡은 키트부카는 바그다드 동남쪽 루리스탄으로, 훌라구 자신이 직접 이끈 중앙군은 케르만샤(지금의 바그다드 동북쪽)로 진격했다. 11월에는 세 부대가 동시에 바그다드로 진격해 훌라구의 중앙군이 먼저 케르만샤를 함락시키고 12월 28일에는 술라이마니야까지 진군했다. 키트부카가 이끄는 좌군은 루리스탄 대부분을 점령했고, 바이주가 이끄는 우군은 티크리트 부근에서 티그리스 강을 건너 압바스 왕조의 군대 1만 2,000명과 맞닥뜨렸다. 바이주는 어둠을 틈타 댐을 무너뜨려 압바스 왕조의 군대를 몰살시켰다. 뒤이어 세 부대가 바그다드를 함께 공격했다. 패배를 직감한 칼리프 알 무스타심은 세 아들과 관리, 귀족 3,000여 명을 데리고 훌라구에게 투항했다. 이렇게 압바스 왕조의 통치는 마침표를 찍었다.

바그다드에 입성한 몽골군은 무려 17일 동안 대학살을 자행했다. 기독교 신자들을 제외한 바그다드의 모든 이슬람교도 남성이 무참히 살해됐고 부녀자와 어린아이는 몽골로 보내져 노예가 되었다. 페르시아 역사책의 기록에 따르면 이때 약 80만 명이 참변을 당했다고 한다. 훌라구는 알 무스타심을 존중해 그 일가는 특별히 페르시아 카펫으로 만든 마대에 넣고 밟아 피를 보지 않고 죽였다. 500년의 문화가 축적된 바그다드도 커다란 피해를 입었다. 아름다운 왕궁과 백만 권이 넘는 페르시아와 아랍의 고서가 소장된 도서관, 세계적으로 명성을 떨치던 이슬람의 교육기관 마드라사, 웅장하고 아름다운 모스크가 모두 몽골 병사들의 횃불에 완전히 불타 사라져버렸다.

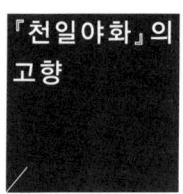

『천일야화』의 고향

『천일야화』(『아라비안나이트』)는 막대한 양과 풍부한 내용을 자랑하는 아랍 구전문학의 집대성이자, 민간 문학을 고전의 반열에 올려놓은 세계 문학사의 일대 기적이라고 할 수 있다. 책이 풀어내는 생동감 넘치는 전설적인 이야기들은 바그다드를 배경으로 한다.

아주 먼 옛날, 고대 인도와 중국 사이의 섬을 다스리던 샤리아르라는 왕이 있었다. 그는 우연히 왕비가 노예들과 부정을 저질러왔음을 알고 크게 분노했다. 왕비를 죽인 샤리아르 왕은 모든 여성에게 복수하겠다고 다짐해 매일 신부를 맞이하고 다음날 죽이기를 반복했다. 이렇게 3년이 지나자 천여 명에 이르는 처녀가 목숨을 잃었다. 재상의 맏딸 셰에라자드는 죄없는 처녀들을 구하기 위해 아버지에게 자신을 왕에게 보내달라고 부탁했다. 셰에라자드는 첫날밤에 왕에게 재미있는 이야기를 들려준 뒤에 끝을 맺지 않고 다음날 밤에 계속하겠다는 약속을 했다. 셰에라자드의 이야기에 흠뻑 빠진 왕은 그녀를 죽이지 않았고 셰에라자드는 하루에 하나씩 이야기를 이어갔다. 이렇게 천 일하고도 하루 동안 이야기를 들은 왕은 감동해 무고한 처녀들을 죽이는 것을 그만두고 셰에라자드와 여생을 함께했다. 그리고 사관들에게 명해 셰에라자드가 들려준 이야기들을 기록하게 했다. 이것이 바로『천일야화』의 유래다.

사실『천일야화』는 민중 사이에 구전되던 이야기를 모은 것으로, 책으로 편찬되기까지는 오랜 세월을 거쳤다. 인도와 페르시아 등지의 민간에 떠돌던 이야기가 이라크와 시리아 일대로 전해져 아라비아 반도의 민중 사이에서 입에서 입으로 전해졌다. 약 8세기 중엽에서 9세기 중엽에 최초의 필사본이 등장했고, 12세기에 이르러 이집트인들이 처음으로『천일야화』라고 불렀다. 다시 수백 년 동안 수집하고 정리하는 과정을 거쳐 15세기 말 또는 16세기 초에 비로소 오늘날의 모습을 갖추었다.『천일야화』는 십자군의 동방 원정을 통해 유럽에 전해져 18세기 초에 프랑스인 앙투안 갈랑이 처음으로 프랑스어판을 출판했다. 이후 유럽에서 여러 언어의 중역본과 신역본이 등장해 한차례 동양 바람이 불었다.

『천일야화』의 이야기는 세 부분으로 구성된다. 이야기의 핵심인 첫 번째 부분은 고대 페르시아의 이야기를 모은『1,000개의 이야기』로, 이것은 인도에서 비롯되어 처음에는 범문梵文으로 쓰였다가 나중에 페르시아어와 아랍어로 번역되었다. 여기에 아라비아 반도와 중국, 인도의 이야기들이 더해져 오늘날『천일야화』의 틀을 이루었다. 두 번째 부분은 압바스 왕조에서 비롯된 이야기로, 이 중에서도 특히 하룬 알 라시드 통치기의 이야기가 주를 이룬다. 세 번째 부분은 이집트 맘루크 왕조와 관련된 이야기다. 현존하는 가장 오래된『천일야화』의 필사본은 14세기 시리아의 것으로 프랑스 국립도서관에 소장되어 있다. 아랍어 원문의 통계에 따르면 액자식 구성

『천일야화』는 아랍 구전문학의 집대성이자, 민간 문학을 세계 고전의 반열에 올려놓은 세계 문학사에 찬란히 빛나는 보석이다.
오늘날에도 여러 언어로 번역되어 수많은 사람들의 사랑을 받고 있다.

을 띤 『천일야화』는 총 134개의 외부 이야기를 갖고 있고, 각각의 외부 이야기는 내부 이야기 여러 개를 포함하고 있다. 외부 이야기와 내부 이야기가 서로 연결되면서 커다란 이야기 체계를 이루는 액자식 구성은 독자의 흥미를 이끌어낼 수 있고 이야기의 신뢰성을 높여주는 장점이 있다.

『천일야화』는 고대 아라비아 반도와 주변 국가의 현실을 다각도로 광범위하게 반영하고, 첨예한 계급 간 대립을 날카롭게 묘사하며, 통치자의 잔혹성과 죄악을 파헤친다. 또 노동 계층의 삶을 다뤄 이들의 훌륭한 성품과 용기, 투쟁정신을 찬미하고 성실한 삶을 살아가는 사람들의 강렬한 소망, 특히 어떤 고난에도 굴하지 않고 굳게 지켜내는 사랑에 대한 동경을 표현한다. 그래서 『천일야화』는 로맨티시즘의 색채가 짙다. 아름다운 소망이 가진 환상과 현실의 진실성을 교묘하게 융합시킨 로맨티시즘과 리얼리즘 표현기법이 독자를 매료시키는 예술적 효과를 만들어낸다.

『천일야화』는 세계 문학에도 커다란 영향을 미쳤다. 르네상스기의 이탈리아 작가 조반니 보카치오와 영국 작가 제프리 초서, 에스파냐 작가 미겔 데 세르반테스는 모두 『천일야화』의 액자식 구성에서 영감을 얻었다. 10일 간의 이야기란 뜻을 갖고 있는 『데카메론』은 피렌체의 젊은 남녀 열 명이 페스트를 피해 교외 별장에서 지내며 열흘 동안 차례로 한 이야기 백 개를 모은 것으로, 구성 형식에서 『천일야화』를 모방한 것이 뚜렷하게 드러난다. 『천일야화』에 상세하게 묘사된 고대 아라비아 지역의 생활 모습 또한 후대 작가들의 창작에 훌륭한 자양분이 되었다. 윌리엄 셰익스피어는 희곡 「끝이 좋으면 다 좋다」에서 반지를 얻어야 결혼할 수 있다거나 왕의 병을 고치는 에피소드를 『천일야화』에서 빌려왔고, 현대 이집트의 극작가 타우피크 알하킴은 직접적으로 『천일야화』에서 소재를 가져와 극본 「알리

바바」와「셰에라자드」를 썼다. 알렉산드르 세르게예비치 푸시킨의『어부와 황금 물고기』를 읽다 보면 자연스레『천일야화』의「어부 이야기」를 떠올리게 된다. 1982년에 노벨문학상을 받은 콜롬비아 작가 가브리엘 가르시아 마르케스의 대표작『백 년 동안의 고독』에는 하늘을 나는 양탄자와 담요가 등장한다. 이처럼 풍부한 소재와 뛰어난 예술성을 지닌『천일야화』는 여러 세대의 문학가들을 키워내고 우수한 문학작품들을 탄생시켰다. 그래서 막심 고리키는『천일야화』를 민간 구전문학 중 "가장 장엄하고 화려한 기념비"라고 평가했다.

이라크의 운명을 목격하다

1534년에 오스만 제국에 멸망당하기 전까지 바그다드는 무려 800년 동안 줄곧 아랍 세계의 중심이었다. 하지만 바그다드가 목격한 것은 도시의 번영만이 아니라 여러 차례의 좌절이었다.

20세기에 들어서면서 오스만 제국이 쇠퇴하자 바그다드는 영국의 지배를 받았다. 당시 아랍인들은 이라크, 서양인들은 메소포타미아라고 부른 이 지역은 오스만 제국의 일부로 바스라와 바그다드, 모술의 3개 주로 나뉘어 있었다. 1914년 11월 5일, 제1차 세계대전에서 독일 편에 선 오스만 제국에 선전포고를 한 영국은 얼마 지나지 않아 바스라를 점령해 의도적으로 이곳을 걸프 지역에 주둔하는 영국 해군의 기지로 삼았다. 90만 명에 이르는 영국-인도 연합군이 메소포타미아에서 작전을 진행했고, 전쟁 동안 총 사상자 수가 무려 10만여 명에 달했다. 1917년 3월, 영국군은 메소포타미아의 중심 도시인 바그다드로 진격했다. 바그다드를 점령한 영국군 사령관 스탠리 모드 장군은 바그다드 시민들에게 "영국군은 여러분의 도시와 농촌에 정복자나 적군이 아니라 해방군으로 들어왔습니다"라고 선언했다. 1918년이 되자 영국은 바그다드, 모술, 바스라 3개 주를 완전히 지배했다.

제1차 세계대전 동안 군사적·정치적 열세에 몰린 오스만 제국은 아랍민족주의 세력을 혹독하게 억압했다. 그 결과 형성된 반튀르크 감정을 타고 아라비아 반도의 헤자즈를 다스리던 메카 태수 샤리프(예언자 무함마드의 가계인 하심가의 자손들, 특히 삼촌들인 알 아바스와 아부 탈리브 및 아부 탈리브의 아들 알리와 무함마드의 딸 파티마의 자손들에 한하여 사용한 아랍어 존칭—옮긴이) 후사인 이븐 알리는 아랍 반란군을 조직해서 영국과 연합해 오스만 제국을 공격했다. 그는 당시 이집트 주재 영국 고등판무관 헨리 맥마흔과 여러 차례 편지를 주고받기도 했다. 영국은 후사인 이븐 알리에게 오스만 제국에 저항해 반란을 일으키면 전쟁이 끝난 뒤에 아라비아 반도에서 아랍 국가의 수립을 인정하겠다고 약속했다. 1916년 6월, 후사인 이븐 알리는 아들 파이살 이븐 압둘라를 보내 오스만 제국에 저항하는 운동을 일으켰다. 제1차 세계대전이 오스만 제국의 패배로 끝나자 후사인 이븐 알리는 기존의 오스만 제국을 비롯해 모든 아라비아 반도를 포함하는 아랍 국가를 세우겠다고 생각했지만 현실은 그렇지 않았다. 이해 당사자들은 아랍의 미래에 관해 서로 다른 기대를 품었고, 전쟁이 벌어지는 동안 전개된 복잡한 외교활동은 상호 모순적인 약속과 기대를 낳았다.

당시 미국의 우드로 윌슨 대통령은 과거 오스만 제국의 통치를 받던 국민이 자신들의 운명을 직접 결정해야 한다고 주장했다. 압력을 받은 연합국은 1918년 11월에 파리에 모여 윌슨 대통령이 선언한 '14개조'를 수용하고 "피지배 민족(식민지나 점령 지역의 민족)이 자유롭게 자신들의 정치적

1 미국 대통령 우드로 윌슨은 제1차 세계대전 이후 이라크의 독립을 주장했으나, 현실의 벽에 부딪혀 실현하지 못했다.
2 오늘날의 바그다드 곳곳은 불안 요소들로 가득하다. 과연 미국의 점령이 바그다드, 나아가 이라크에 평화와 안녕을 가져다줄 수 있을까?

미래를 직접 결정하는 자결권을 인정해야 한다"라고 공언했다. 그러나 메소포타미아는 여전히 영국에 점령되었고, 심지어 이곳을 영국의 정식 식민지로 삼아야 한다는 주장까지 나왔다. 1920년에 개최된 산레모회의에서 이라크에 대한 절충안으로 외국 세력이 오스만 제국의 폐허 위에 세워진 새로운 국가의 보호자가 되어 완전한 독립을 이룰 때까지 도와준다는 위임통치령이 채택되었다. 영국은 팔레스타인과 메소포타미아 지역을 위임통치했고, 바스라와 바그다드, 모술은 한 지역으로 통합되었다.

하지만 위임통치를 인정하지 않은 메소포타미아의 민족주의자들은 1920년에 반란을 일으켰다. 타협을 통해 1921년 8월 23일, 바그다드에서 파이살 이븐 압둘라가 파이살 1세로 즉위했다. 즉위식에서는 영국 국가가 연주되었고 국명은 이라크로 바뀌었다. 영국은 합법적인 이라크 정부가 수립되었음에도 불구하고 여전히 이 지역의 정치와 경제, 국방을 통제하려 했다. 1929년에 이라크의 국가석유공사가 성립되자 영국은 이라크의 석유를 강점했다. 1930년에 양측은 영국-이라크 조약을 체결해 영국이 이라크에 군사기지를 유지하고, 이라크의 경제와 외교를 계속 통제하는 데 동의했다. 이듬해에 영국은 국제연맹(제1차 세계대전에서 승리한 연합국들이 주도해 국제 협력을 위해 세운 기구—옮긴이)에 이라크가 독립국가가 될 준비를 마쳤다는 내용을 담은 특별보고서를 제출했다. 1932년 10월에 이라크는

우드로 윌슨(1856~1924) 프린스턴대학교 총장을 지낸 학자이자 교육자로, 1910년에 뉴저지 주지사 후보로 추천되어 1911년에 미국의 28대 대통령으로 당선되었다. 재임 동안 혁신정책을 추진해 시어도어 루스벨트를 대신해 진보 진영의 기수가 되었다. 1916년 대통령 선거에서 제1차 세계대전에 미국이 참전하지 않을 것을 약속하고 재선되었으나, 결국 전쟁 후반기에 참전했다. 1918년 1월 민족자결주의와 집단안전보장을 원칙으로 하는 14개조를 발표했고, 1919년에 노벨평화상을 받았다.

비로소 국제연맹의 57번째 회원국이 되었다.

독립한 지 1년이 지난 1933년에 파이살 1세가 죽고, 아들 가지 1세(가지 빈 파이살)가 왕위를 계승했다. 선왕과 달리 유럽의 식민통치를 반대한 가지 1세는 이라크와 아랍민족주의자들의 지지를 이끌어냈다. 그는 왕궁에 세운 개인 방송국을 통해 당시 영국의 통제를 받던 쿠웨이트가 이라크의 일부가 되어야 한다는 주장을 담은 연설을 방송했다. 1939년 어느 봄날 저녁, 가지 1세는 새로 구입한 뷰익 오픈카를 타고 나갔다가 갑자기 브레이크가 작동하지 않아 전봇대에 부딪히는 의문의 자동차 사고로 사망했다. 후계자였던 파이살 2세는 당시 겨우 다섯 살이었기 때문에 가지 1세의 제부가 섭정왕이 되었다. 섭정왕은 영국에 협조적이었기 때문에 이라크와 아랍 세계에는 영국이 가지 1세를 죽였다는 소문이 퍼졌다.

제2차 세계대전이 발발하자 영국은 이라크도 독일에 선전포고를 하기를 원했다. 그러나 이라크는 독일과 외교관계를 단절하겠다는 선언을 하기는 했지만 전쟁에 말려들고 싶어 하지는 않았다. 1941년 4월 1일, 라시드 알리와 그를 따르던 장교들이 섭정왕이 기거하는 왕궁을 포위했고, 섭정왕은 다음날 이라크에서 도망쳤다. 라시드 알리는 새로운 정부를 세우고 영국-이라크 조약을 포함한 이라크가 맺은 모든 국제적 약속을 이행하겠다고 공언했다. 5월 2일에 영국과 이라크 사이에 전쟁이 발발했고, 영국 공군은 전쟁 첫날에만 전투기를 무려 200여 차례나 출격시켰다. 이라크는 결국 한 달이 채 못 되어 패했고 라시드 알리는 이라크에서 도망쳤다. 5월 30일에 영국과 이라크는 정전협정을 체결했고, 6월 1일에 섭정왕이 바그다드로 돌아왔다. 라시드 알리를 지지했던 장교 네 명은 사형되었고, 영국의 요구로 당시 천 명에 가까운 이라크인이 체포되었다. 이 중에는 훗날 이라크의 지도자가 된 사담 후세인의 외삼촌 카이르알라 툴파도 있었다.

1958년, 바트당이 친親서방 성향을 띠던 하심 왕조를 무너뜨리고 권력을 장악했다. 후세인은 1979년에 이라크의 대통령이 되어 자신과 정치적 의견이 다른 사람은 철저히 제거하는 독재정치를 시작했다. 1980년대에 이라크와 이란은 1988년에 정전停戰에 협의할 때까지 무려 8년간이나 전쟁을 벌였다. 1990년에는 이라크가 쿠웨이트를 침공해 이듬해 1월에 걸프 전쟁이 일어났다. 하지만 이라크는 미국이 이끄는 다국적군에 패해 쿠웨이트에서 쫓겨났고 이후 오랫동안 경제 제재를 받았다. 미국을 비롯한 서방 국가들은 이라크가 대규모 살상무기를 보유했다며 국제연합을 내세워 여러 차례 핵무기 시찰을 시행했다. 2003년 3월 20일, 미국과 영국의 연합군은 이라크가 대규모 살상무기를 보유하고 있으며 국제연합에 협력하지 않는다는 명분을 내세워 이라크 전쟁을 시작했다.

4월에 바트당 정권이 미-영 연합군의 공격에 무너졌다. 2004년 6월 1일에 국제연합과 미국, 이라크는 협상을 통해 이야드 알라위를 이라크 임시 정부의 총리로 선출했다. 6월 28일에 미-영 연합군이 이라크 임시 정부에 권력을 이양했고, 이라크는 2005년 1월 30일에 잘랄 탈라바니를 이라크 과도 정부의 대통령으로 선출했다. 이어서 후세인이 처형되었다. 하지만 미-영 연합군의 점령은 이라크에 진정한 평화를 가져오지 못했고, 오히려 찬란한 역사를 자랑하던 도시 바그다드를 전란에 신음하게 만들었다. 오늘날의 바그다드에는 수많은 불안 요소들이 곳곳에 산재해 있다.

장기간의 혼란은 이라크 국민의 생활뿐만 아니라 가치를 매길 수 없는 인류 문명의 유산들을 훼손시켰다. 바그다드에는 일찍이 560여 개에 이르는 모스크가 있었는데, 오늘날까지 남아 있는 모스크는 100여 개에 불과

하다. 또 아바시드 궁, 이라크 박물관, 이슬람 박물관, 국가 도서관 같은 수많은 유적들도 1991년 걸프 전쟁 이후 계속된 미국과 영국의 폭격으로 훼손되었다. 더욱 심각한 것은 걸프 전쟁 이후 이라크 각 주의 박물관이 폭격을 피하기 위해 따로 보관했던 진귀한 문물과 사료들을 모두 약탈당한 것이다. 오늘날 국제 암거래 시장에서는 헤아릴 수 없을 만큼 수많은 이라크 유물이 거래되고 있다. 이에 따른 손실은 결코 돈으로는 환산할 수도 보상할 수도 없다.

6장 | 기적의 도시 바빌론

메소포타미아에 최초로 살았던 민족은 수메르인으로, 이들은 약 기원전 4000년에 이곳에 도착해 문명을 건설했다. 이후 아카드인과 바빌로니아인, 아시리아인, 칼데아인이 수메르인이 이룩한 문명을 계승·발전시켰다. 이 중에서도 특히 바빌로니아인이 바그다드 남부의 바빌론을 중심으로 가장 뛰어난 문명을 이루었기 때문에 메소포타미아 문명을 바빌로니아 문명이라 부르기도 한다. 유프라테스 강 오른쪽 기슭의 바빌론은 세계적으로 오랜 역사를 자랑하는 유적지로 기원전 2350년경에 세워졌다. 교통의 요지에 자리해 고바빌로니아와 신바빌로니아의 수도로서 번영했고, 기원전 2000년부터 기원전 1000년까지 서아시아에서 가장 번화한 정치·경제·문화의 중심지였다.

최근 들어 고고학자들은 바빌론에서 일련의 발굴을 진행해 커다란 성과를 거두었다. 사진은 발굴된 바빌론의 유적이다.

최근에 중요한 고고학적 발견이 잇따르면서 인류 문명의 최초 발상지인 메소포타미아의 중요성이 나날이 높아지고 있다. 메소포타미아에 최초로 살았던 민족은 수메르인으로, 이들은 약 기원전 4000년에 이곳에 도착해 문명을 건설했다. 이후 아카드인과 바빌로니아인, 아시리아인, 칼데아인이 수메르인이 이룩한 문명을 계승·발전시켰다. 이 중에서도 특히 바빌로니아인이 바그다드 남부의 바빌론을 중심으로 가장 뛰어난 문명을 이루었기 때문에 메소포타미아 문명을 바빌로니아 문명이라 부르기도 한다.

유프라테스 강 오른쪽 기슭에 위치한 바빌론은 세계적으로 오랜 역사를 자랑하는 유적지로 기원전 2350년경에 세워졌다. 바빌론은 신의 문이라는 뜻을 갖고 있다. 교통의 요지에 자리해 고바빌로니아와 신바빌로니아의 수도로서 번영했고, 기원전 2000년부터 기원전 1000년까지 서아시아에서 가장 번화한 정치·경제·문화의 중심지였다.

수메르 문명

수메르 문명은 기원전 4000년에 메소포타미아 평원의 남쪽 지역에서 시작되었다. 수메르인은 메소포타미아에 정착한 최초의 민족이지만 오랜 세월 동안 아무도 수메르인의 내력을 알지 못했다. 수메르라는 이름은 아카드인이 처음 사용했는데, 수메르인은 자신들을 검은 머리 사람들이라 부르고, 자신들이 사는 땅을 키엔기르라고 불렀다. '키엔기르'는 수메르 말을 쓰는 사람들의 땅이라는 뜻이다. 수메르인은 언어와 문화는 물론이거니와 외모까지 모두 이웃 민족인 셈족과는 달랐다.

수메르인은 여러 개의 독립적인 도시국가를 세웠고 운하와 경계석으로 도시국가를 구분했다. 도시국가의 중심은 도시의 수호신 또는 수호 여신의 신전이었고 종교의식을 주관하는 제사장이나 왕이 다스렸다. 이 중 에리두와 키시, 라가시, 우루크, 우르, 니푸르 등이 비교적 규모가 컸다. 도시국가들은 물과 무역로를 확보하고 유목민들의 공납을 받기 위해 끊임없이 서로 싸움을 벌였다. 이 중 라가시의 에안나툼 왕이 최초의 제국을 세워 키시, 우루크, 우르, 라르사, 엘람, 걸프 지역 등을 다스렸다. 하지만 움마의 제사장이자 왕이었던 루갈자기시가 라가시 왕조를 전복시키고 우루크를 정복해 새로운 수도로 삼아 걸프 지역에서 지중해에 이르는 제국을 세웠다. 그러나 루갈자기시 역시 셈족인 아카드의 사르곤에게 제국을 내주었다. 주변 민족의 세력이 커지면서 수메르인은 점점 쇠퇴했고, 결국 기원전에 아무르인이 세운 바빌로니아가 메소포타미아의 패권을 장악했다. 하지만 수메르인이 창조한 문명은 누구도 대신할 수 없었다.

인류 문명을 이끌다

수메르인은 보리, 콩, 밀, 수수, 순무, 양파, 부추, 상추 같은 채소를 재배했고 소, 양, 염소, 돼지 등의 가축을 키웠다. 또 소로 밭을 갈고 나귀를 운송 도구로 쓸 줄 알았으며 물고기를 잡고 새를 사냥했다. 수메르인은 갈대와 동물 가죽으로 배를 만들었고 돛단배에는 역청을 칠해 물이 스며드는 것을 막았다. 많은 농작물과 가축이 이곳에서부터 널리 퍼졌다.

유프라테스 강과 티그리스 강은 이집트의 나일 강처럼 수위가 오르락내리락하면서 정기적으로 범람했기 때문에 메소포타미아에서 살아가려면 반드시 강물을 적절하게 통제하는 기술을 갖고 있어야 했다. 그래서 수메르인은 운하와 수로, 둑, 방죽, 저수지, 우물 같은 거대한 관개설비를 이용했는데, 수로와 운하는 자주 보수하고 진흙을 제거해야 했기 때문에 국가에서는 이것을 전문적으로 관리하는 사람을 두었다.

수메르인은 인류 역사상 최초의 농업서도 편찬했는데, 책은 늙은 농부가 아들에게 들려주는 가르침 형식으로 구성되어 농사를 어떻게 짓는지, 무엇에 주의해야 하는지 등에 대해 설명했다. 수메르인은 곡물을 수확하면 연자매와 도리깨로 줄기와 낟알, 겨를 분리하고 바람을 이용해 겨를 추출해내 보리술을 만들었다. 보리술은 수메르인이 가장 좋아한 음료로 맥주의 원조라고 할 수 있다.

수메르인은 걸프 지역 연안에 광범위한 무역망을 형성했다. 이는 오늘날 발견된 아나톨리아의 흑요석, 아프간 동북부의 청금석, 딜문(오늘날의 바레인)에서 온 구슬, 인더스 문명의 문자가 새겨진 인장 같은 유물들로 증명된다. 「길가메시 서사시」에도 머나먼 나라에서 온 상인이 메소포타미아에서 무역을 했는데, 이 중 레바논의 히말라야 삼목이 가장 인기가 좋았다고 기록되어 있다. 수메르인은 히말라야 삼목의 기름을 사용해 도안을 그리고 도자기를 구웠는데, 도자기는 대개 채문토기(겉면에 물감으로 무늬를 그려넣은 토기. 칠무늬토기라고도 함—옮긴이)로 색채가 화려하다. 술잔, 기름 항아리, 화로, 등잔 같은 거의 모든 생활도구에 토기를 사용했고 심지어 뚜껑 있는 장방형의 관도 고령토로 만들었다. 이 밖에 벽돌, 마직물, 각석(글자나 무늬 따위를 새긴 돌—옮긴이), 보석, 피혁 등을 만드는 수공업도 발달했다. 장인들은 선화석고(흰 알맹이의 치밀한 덩어리로 되어 있는 석고—옮긴이), 상아, 금은, 마노, 청금석도 가공할 줄 알았다. 노예도 있었지만 이들이 경제를 떠받친 것은 아니었다. 여자 노예는 대개 베를 짜거나 곡물 빻는 일을 했다.

고대 메소포타미아에는 돌과 나무가 부족해 주로 점토에 잘게 자른 보릿짚을 섞어 만든 흙벽돌로 건물을 지었다. 그러나 벽돌과 벽돌 사이를 모르타르나 시멘트로 연결하지 않아 건물은 언제든 쉽게 무너질 수 있었다. 그래서 일정 기간이 지나면 부수고 평평하게 대지를 다져서 다시 만들었다. 시간이 흐르면서 이 현상이 몇 번이고 반복되어 작은 언덕을 이루자 이런

수메르 문명의 초기 유물들로, 메소포타미아가 인류 문명의 요람임을 증명한다. 그래서 "인류의 역사는 수메르에서 시작되었다"라고 말할 수 있다.

유적은 아랍어로 언덕을 의미하는 텔Tell이라 불렸다. 오늘날 중동 지역 곳곳에서 텔을 찾아볼 수 있다. 출토된 수메르의 원통형 인장에서는 불과 얼마 전까지도 이라크 남부 소택지에서 아랍인들이 사용하던 갈대로 만든 집과 유사한 형태의 그림을 찾아볼 수 있다. 수메르인의 건축물 가운데 가장 유명한 것은 거대한 기단 위에 건설한 신전탑 지구라트다. 『성서』에 등장하는 바벨탑도 지구라트로 추측된다.

수메르인은 성벽을 세워 도시를 보호했고 군대는 보병 위주로 구성했다. 경보병(중화기로 중무장하지 않은 보병—옮긴이)의 무기는 도끼와 단검, 창이었고, 보병은 동으로 만든 갑옷과 망토를 입고 가죽 치마를 착용했다. 이들은 원거리 병기로 투석기와 간단한 활을 사용했다. 야생 나귀 네 마리가 끄는 전차에는 도끼와 긴 창을 든 병사 두 명이 탔다. 이것은 말이 끄는 전차의 원형으로 추측된다.

수메르인은 부드러운 점토로 만든 점토판에 끝이 뾰족한 도구로 글을 쓴 뒤에 말려서 장기간 보관했다. 끝을 뾰족하게 만든 철필(스타일러스)로 글을 썼기 때문에 문자는 점토판에 모양이 분명하게 새겨지는 쐐기 모양을 하고

있다. 이것이 바로 쐐기문자의 기원으로 오늘날 알려진 문자 중 가장 오래되었다. 비록 표음문자로 발전하지는 못했지만 인류의 초기 문자 가운데 비교적 완벽하게 발전한 문자라고 할 수 있다. 출토된 점토판에는 당시 사회의 적나라한 현실을 반영하는 수메르인의 수많은 속담이 기록되어 있다. 예컨대 "가난한 자는 사는 것보다 차라리 죽는 게 낫다", "고기를 먹고 싶으면 양이 없고, 양이 있으면 고기를 먹을 수 없다", "아내는 남자의 미래, 아들은 남자의 안식처, 며느리는 남자의 악마" 등이 있다. 또 생활 속에서의 경험을 강조한 "신발은 남자의 눈", "길을 떠나면 사람의 견문이 넓어진다" 같은 내용도 새겨져 있다.

사람들은 점토판의 기록을 통해 『성서』에 등장하는 일부 이야기들이 고대 메소포타미아에서 비롯되었음을 발견했다. 예컨대 신이 세계를 창조한 이야기를 서술한 시는 신이 여섯째 날에 인간을 창조하고 일곱째 날에 휴식을 취했다는 『성서』의 천지창조 이야기와 매우 닮아 있다. 또 하와가 뱀의 꾐에 넘어가 선악과를 먹은 『성서』속 이야기와 비슷하게 메소포타미아 신화에서도 인간의 조상이 유혹을 받아 죄를 범한 이야기가 나온다. 「길가메시 서사시」는 고대 메소포타미아에서 가장 유명한 영웅 서사시로, 신의 뜻을 무시하고 백성에게 행복을 가져다주려는 영웅의 모습과 삶과 죽음의 비밀을 알고 싶어 하는 인간의 열망이 드러나 있다. 이는 세계에서 가장 오래된 서사시이기도 하다.

수학 방면에서도 수메르인은 뛰어난 재능을 보였다. 오늘날 사람들은 시간이나 각도를 측정할 때 60진법을 사용하는데, 이것은 모두 수메르인의 유산을 계승한 것이다. 수메르인은 면적과 중량 단위에도 60진법을 사용했다. 이것이 전파되어 고대 그리스와 로마에서도 메소포타미아의 중량 단위를 일부 사용했고, 이는 유럽에서 18세기까지 이어졌다. 수메르인은 숫자 계산에도 뛰어났다. 출토된 점토판 중에는 숫자를 곱하는 계산 문제를 나열한 것도 있는데 그 답을 아라비아숫자로 표시하면 무려 15자리 숫자가 된다. 기원전 500년경의 그리스인들이 10,000이라는 5자리 숫자를 너무 커서 계산할 수 없는 값이라 생각해 10,000을 넘는 숫자는 모두 무한대로 여긴 것과 비교하면 실로 놀랍다. 유럽에서 여러 자리 숫자는 1600년이 되어서야 수학자이자 철학자였던 데카르트와 라이프니츠가 처음으로 계산에 사용했다. 일반 서양인들은 19세기에 와서야 비로소 여러 자리 숫자에 대해 인식하기 시작했다. 백만장자라는 단어가 헤아릴 수 없는 재물을 가진 가장 부유한 사람을 지칭하는 명사가 된 것도 숫자에 대한 이러한 서양인의 인식이 반영된 것이다.

수메르인의 천문역법 지식은 유럽의 천문학에 직접적인 영향을 미쳤다. 수메르인은 달의 운행을 기준으로 1년을 354일과 12개월로 하는 태음력을 만들고, 양력과 음력의 차이를 조정하기 위해 윤달을 설정했다. 나중에는 7일을 1주일로 삼고, 각 행성의 신이 하루씩 돌아가며 당번을 선다고 생각해 신의 이름을 따서 일요일(태양의 신), 월요일(달의 신), 화요일(화성의 신), 수요일(수성의 신), 목요일(목성의 신), 금요일(금성의 신), 토요일(토성의 신) 같은 요일 이름을 지었다.

쐐기문자로 점토판에 기록된 내용들은 일찍이 6,000년 전 고도로 발달된 문명을 건설한 수메르인의 황금시대가 존재했다는 사실을 알려준다. 고대 그리스 문화는 줄곧 유럽 고대사에서 가장 찬란한 문명으로 거론되는데, 고대 그리스인들이 아직 문명 시대로 접어들기도 전에 이미 수메르 문명은 약 2,000년간이나 지속되었다. 또 그리스인들이 거둔 수많은 업적은 메소포타미아 문명을 토대로 발전한 것이다. 그래서 "인류의 역사는 수메르에서 시작되었다"라고 말할 수 있다.

「길 가 메 시 서 사 시」

19세기 중엽에 영국의 고고학자 오스틴 헨리 레어드는 사람들이 궁금해하던 『성서』 속 도시 니네베를 발굴했다. 6년에 걸친 발굴 끝에 레어드는 쐐기문자가 새겨진 섬토판 약 2만 4,000여 개를 발견했다. 역사와 법률, 종교, 자연과학 등 다방면의 풍부한 지식을 담은 점토판들은 당시 역사를 연구하는 데 가장 귀중한 문헌자료다. 1850년대 초에 대영박물관의 연구원들은 수년에 걸쳐 니네베에서 발견된 점토판의 쐐기문자를 번역했고, 1872년에 조지 스미스가 우연히 깨진 점토판에서 신이 고바빌로니아 시대에 대홍수를 일으켜 죄 많은 인류를 벌했다는 내용의 이야기를 발견했다. 이것이 바로 유명한 「길가메시 서사시」의 일부분이다. 당시 스미스가 발견한 것은 서사시의 11번째 점토판이었고, 잇달아 나머지 점토판 11개를 발견했다. 무려 반세기에 걸친 발굴과 정리를 거쳐 1920년대에 이르러 점토판이 복원되고 번역과 주석도 완성되었다. 「길가메시 서사시」는 메소포타미아 문학을 대표하는 가장 뛰어난 작품이자 인류 최초의 서사시로 여겨지고 있다.

수메르 시대에 등장한 「길가메시 서사시」는 초기의 길가메시와 관련된 영웅 전설을 다룬 「길가메시와 키시의 아가」 등과 직접적인 관련이 있다. 길가메시라는 이름은 수메르 왕조 초기의 왕을 기록한 문서에도 등장해 서사시가 사실에 일정 부분 기초했다는 사실을 알려준다. 그래서 「길가메시 서사시」는 문학성뿐 아니라 역사적 가치도 갖고 있다. 전문가들은 당시 구전되던 이야기들이 다듬어져 기원전 20세기 초, 즉 고바빌로니아 시대에 이르러 하나의 서사시로 편집된 것으로 추측하고 있다. 총 3,500행에 이르는 이 서사시는 점토판 12개에 나뉘어 기록되어 있는데 크게 머리말과 본문으로 나뉘며, 머리말은 영웅 길가메시를 묘사하는 내용이 주를 이룬다. 본문은 줄거리의 발전에 따라 다시 7개 부분으로 나뉘어 영웅의 이야기를 그리고 있다.

오래전 남부 메소포타미아의 수메르에 우루크라는 도시국가가 있었다. 길가메시는 이곳의 통치자로, 3분의 2는 신이고 3분의 1은 인간이었다. 신성神性과 인성人性을 함께 지닌 길가메시는 키가 크고 체격이 좋았으며 자태가 늠름했다. 신들은 그에게 완전한 육체와 함께 아름다움, 지혜, 용기를 주었다. 그러나 우루크의 왕이 된 길가메시는 권력을 이용해 젊은 남자들에게 강제 부역을 시키고, 젊은 여자들은 후궁으로 삼았다. 우루크의 백성들은 참다못해 하늘의 신 아누(수메르어로는 안)에게 호소하기에 이르렀다. 탄식을 들은 아누는 야생 인간 엔키두를 만들어 길가메시를 굴복시키라고

「길가메시 서사시」는 초기 수메르의 사회상을 담고 있다. 신성과 인성을 함께 지닌 길가메시는 위대한 건설자이자 전사였으며, 땅과 바다에 대해 모든 것을 알고 있었다.

명했다. 길가메시와 엔키두는 격렬한 싸움을 벌였지만 좀처럼 승부를 가리지 못했고, 마침내 둘은 서로를 끌어안고 친구가 되었다.

 길가메시와 엔키두는 우루크 백성들을 위해 사막에 살면서 사람을 잡아먹는 사자를 죽였고, 여신 이슈타르(미와 연애, 풍요와 다산, 전쟁, 금성 등을 상징하는 여신—옮긴이)를 감금하고 있던 삼나무 숲의 괴물 파수꾼 후와와(훔바바)에게 도전했다. 두려움을 모르는 길가메시는 힘든 싸움 끝에 엔키두와 하늘의 신 아누의 도움을 받아 입은 불덩이고 숨결은 곧 죽음을 의미하는 괴물 후와와를 죽이고 이슈타르를 구해냈다. 그리하여 길가메시는 백성들의 존경을 얻음과 동시에 이슈타르의 사랑도 얻었다. 이슈타르는 애정 어린 목소리로 "길가메시여, 삼나무 향이 가득한 나의 집으로 오세요. 당신은 나의 남편, 나는 당신의 아내가 되겠어요"라고 말했다. 그리고 길가메시가 자신의 사랑을 받아준다면 엄청난 부를 누리게 해주겠다고 약속했다. 그러나 길가메시는 이슈타르가 지조 없이 여기저기 정을 흘리고 다니며 배우자에게 잘하지 못한다는 이유를 내세워 청혼을 거절했다. 화가 난 이슈타르는 아버지인 하늘의 신 아누에게 호소했다. 아누가 우루크에 하늘의 황소를 내려 수백 명을 죽게 만들자, 길가메시와 엔키두는 하늘의 황소와 목숨을 건 싸움을 벌였다. 이때 엔키두가 황소의 뒷다리를 이슈타르의 얼굴에 던지자 분노한 아누는 치명적인 질병을 내려 엔키두를 12일 뒤에 죽게 만들었다. 친구의 죽음에 충격을 받은 길가메시에게도 죽음의 공포가 엄습했다. 엔키두를 되살리고 영생의 비밀을 찾기 위해 길가메시는 인류의 시조 우트나피슈팀을 찾아나섰다.

길가메시는 천신만고 끝에 길을 떠난 지 40일째 되는 날에 세상의 다른 쪽 끝에서 우트나피슈팀을 만났다. 우트나피슈팀은 길가메시에게 신이 내린 대홍수에서 살아남아 영원한 삶을 얻은 이야기를 들려준 뒤에 불로초가 있는 장소를 알려주었다. 기뻐하며 불로초를 들고 고향으로 향하던 길가메시는 강에 이르자 몸에 쌓인 먼지와 피로를 씻어내야겠다고 생각했다. 그런데 목욕을 하는 사이에 뱀이 불로초를 훔쳐 먹어버렸다. 완전히 지치고 참담해진 길가메시는 우루크로 돌아가 신전에서 엔키두를 되살려달라고 신에게 기도했다. 결국 그의 진심에 감동한 신은 엔키두를 부활시켰다. 길가메시가 "죽은 뒤에는 어떻게 되나?"라고 묻자, 엔키두는 "말하기 어려워. 내가 보고 들은 걸 모두 이야기해준다면 자네는 까무러칠 수도 있어"라고 대답했다. 하지만 길가메시는 고집을 꺾지 않았다. 마침내 엔키두의 이야기를 들은 길가메시는 인류가 영생을 얻을 수 없는 이유를 알게 되었다. 이어서 엔키두의 서술을 끝으로 서사시는 막을 내린다.

위대한 수메르 문학의 전통을 계승한 「길가메시 서사시」는 여러 사람의 입을 거치면서 이야기가 자유롭게 발전하는 과정을 겪었기 때문에 아득히 먼 옛날의 신화와 전설을 포함한다. 이 중에서도 우트나피슈팀의 대홍수

이야기는 『구약성서』에 실린 노아의 방주 이야기의 토대가 되었다. 아울러 고대 바빌로니아인들이 신에 맞서 적극적으로 투쟁하고 자연의 법칙을 깨달아 삶과 죽음의 오묘함을 탐색하는 모습을 생생하게 그림으로써 오늘날 우리가 고대 바빌로니아의 사회와 문화를 이해하는 데 중요한 단서가 되고 있다.

사 르 곤 의   전 설

기원전 2900년경부터 수메르의 도시국가들은 물과 무역로를 확보하고 유목민들의 공납을 받기 위해 끊임없이 싸움을 벌였다. 이 중 에리두와 키시, 라가시, 우루크, 우르, 니푸르 등이 비교적 규모가 컸다. 싸움이 길어지면서 수메르인은 점점 지쳐갔고, 결국 아카드 제국에 무릎을 꿇었다.

기원전 2371년경에 위대한 정복자이자 아카드인의 지도자였던 사르곤이 메소포타미아에 아카드를 수도로 삼아 제국을 세웠다. 이곳이 바로 훗날의 바빌론이다. 고대 메소포타미아에서 사르곤이라는 단어는 합법적인 왕을 뜻하는 하나의 칭호였다. 그러나 최근의 고고학적 발견을 통해 사르곤은 왕의 호칭이 아니라 실존했던 인물이며, 메소포타미아를 최초로 통일한 사실이 증명되었다. 메소포타미아에서 초기 쐐기문자가 대량으로 발굴되고 연구가 진행됨에 따라 전설적인 인물 사르곤의 진면목도 서서히 드러나고 있다.

아주 먼 옛날에 메소포타미아 평원은 가물고 척박한 주변의 땅과는 달리 풍요로움을 자랑했다. 이 지역에 가장 먼저 자리를 잡은 민족은 수메르인이었다. 당시 수메르인은 통일된 정부 없이 작은 도시국가 수십 개로 나뉘어 있었다. 남쪽은 수메르라 불렸고 이 중 사르곤이 살았던 키시가 가장 컸다. 각 도시국가 간의 전쟁이 갈수록 치열해지던 무렵 남부의 움마에서 루갈자기시라는 뛰어난 인물이 등장했다. 그는 도시국가 중 비교적 큰 규모였던 라가시와 다른 중·소 도시국가를 함락시키면서 서서히 남쪽 지역을 통일해나갔고, 여세를 몰아 키시를 공격해 메소포타미아 전체를 통일하려 했다. 당황한 키시의 귀족들은 루갈자기시가 이끄는 움마군의 공격에 무릎을 꿇었고 국가의 운명은 바람 앞의 등불처럼 위태로웠다. 이처럼 급박한 시기에 사르곤이 혜성처럼 등장하면서 치열했던 전쟁은 종지부를 찍었다.

사르곤(재위 기원전 2371~기원전 2316)의 성장사는 고생으로 얼룩져 있다. 그는 키시에서 태어났지만 사생아라는 이유로 유프라테스 강가에 버려졌다. 다행히 마음씨 좋은 정원사가 그를 발견해 데려다 정원사로 키웠다. 성인이 된 사르곤은 화초 가꾸는 솜씨가 뛰어나 곧 왕궁 정원사로 발탁되었고 왕실 요리사로도 일했다. 키시가 움마에 참패하자 백성은 왕에 대한 믿음을 잃어버렸다. 사르곤은 이 기회를 틈타 기원전 2371년에 왕위를 찬탈했다. 왕이 된 사르곤은 먼저 상비군 5,400명을 조직했다. 이는 메소포타미아에 등장한 최초의 상비군으로 이러한 행보는 당시로서는 매우 파격적이었으며 훗날 메소포타미아를 통일하는 기반이 되었다. 키시의 전력이 살아남에 따라 움마와 키시가 남과 북으로 팽팽하게 대치하는 형국이 되었다. 이 무렵 루갈자기시는 마지막까지 저항의 끈을 놓지 않는 라가시와 격전을 벌이고 있었는데 전쟁은 예상보다 치열했고, 루갈자기시는 라가시와 키시 둘 다 공격할 수 없는 매우 곤란한 상황에 놓였다. 고심 끝에 루갈자기시는 세력 범위를 결정하는 담판을 짓기 위해 사르곤을 초청했다. 하지

아카드 제국의 사르곤은 남부 메소포타미아 전체와 시리아, 아나톨리아, 엘람의 일부를 정복해 최초의 셈족 왕조를 세우고, 메소포타미아의 군사적 전통을 창시했다.

만 지략이 뛰어나고 누구보다 용맹했던 사르곤은 2인자로 만족할 생각이 없었다. 그는 회담에 응하는 대신 군사를 이끌고 남하해 여러 도시국가를 공격했다.

사르곤이 대대적인 공격을 감행하자 루갈자기시는 일단 라가시를 포기하고 사르곤의 군대를 맞을 수밖에 없었다. 당시 1, 2만 명에 달했던 루갈자기시의 군대는 수메르 도시국가 50여 곳에서 차출한 병사들로 구성된 반면에, 사르곤의 군대는 고작 5,000여 명에 불과했다. 하지만 이 군대는 사르곤이 조직한 상비군이었다. 사르곤의 군대는 수적 열세를 극복하고 루갈자기시의 군대를 격파했고, 루갈자기시는 병사들에게 붙잡혀 바람의 신 엔릴에게 바쳐졌다. 사르곤은 군대를 이끌고 계속 남하해 수메르 깊숙이 들어가 잇달아 우르와 우루크, 라가시를 격파하고 걸프 지역까지 차지했다. 이렇게 해서 메소포타미아는 완전히 통일되었고 역사상 최초로 군사제국이 탄생했다.

사르곤은 키시 부근에 아카드 성을 짓고 수도로 삼았다. 그래서 그의 제국을 아카드 제국이라고 부른다. 아카드 제국을 세운 사르곤은 연이어 34차례나 출정해 멀리 동쪽으로는 엘람, 북쪽으로는 수바르투를 정복했고, 아나톨리아 고원과 레바논 산맥에 이르는 지역을 차지했다. 수많은 전쟁에서 승리를 거둔 사르곤은 스스로 자신을 우주의 왕 또는 정의의 왕, 여신 이슈타르가 아끼는 사람이라고 불렀다. 대내적으로는 정치를 개혁해 중앙집권을 강화했고 정복지의 행정구역을 열흘 동안 여행할 수 있는 면적을 기준으로 나누어 왕족에게 감독을 맡겼다. 점령지에서 아카드인과 현지인 간의 충돌을 없애기 위해 항복한 현지 귀족을 관리로 등용하기도 했다. 농경지의 수리시설을 정비하고 방대한 관개망을 구축했고, 상업과 무역의 중요성을 깨달아 도량형을 통일했다. 무역로를 확보하기 위해서는 전쟁도 마다하지 않았기 때문에 멀리 인도와도 무역이 이루어졌다.

하지만 수메르의 도시국가들은 완전히 통합되기에는 어려움이 많았기 때문에 사르곤의 통치는 빛을 발하지 못했다. 말년에는 지방에서 대규모 반란까지 일어났다. 비록 반란은 진압되었지만 제국은 이미 예전의 모습이 아니었다. 아카드 제국은 사르곤이 죽은 뒤 백여 년 동안 지속되다가 기원전 2230년경에 유목민족인 구티족에게 멸망했다.

바빌로니아

　구티족이 아카드 제국을 멸망시킬 무렵에 수메르의 도시국가들이 다시 부흥하면서 수메르 제국(우르 제3왕조, 기원전 2113~기원전 2006)이 탄생했다. 기원전 2120년경 우투 케갈 왕 시기에 우루크는 구티족의 통치에서 벗어났다. 서사시에는 "왕께서 명하시면 반대할 자가 없네", "그가 수메르인의 왕권을 되찾았네"라는 구절이 있다. 하지만 기원전 2113년에 우투 케갈은 죽음을 맛았고, 신하였던 우르 남부가 왕위를 계승했다. 우르 남무가 새롭게 연 우르 제3왕조는 전성기를 구가했다.

　기록에 따르면 우르 남무는 70만 제곱미터에 달하는 넓은 도시에 높고 견고한 성벽을 쌓았고, 관개와 교통, 운수를 개선하기 위해 운하를 팠으며, 사원을 재건했다. 우르 남무의 수많은 업적 가운데 가장 눈에 띄는 것은 곳곳에 세운 지구라트인데, 이 중 달의 신에게 제사를 지내던 지구라트가 가장 웅장하고 보존 상태가 좋다. 하지만 유감스럽게도 우르 남무의 말년은 그의 찬란한 업적과 비교해 너무도 비참했다. 고고학자들은 파손된 점토판에서 "우르 남무는 부서진 배처럼 그렇게 전쟁터에 버려졌다"라는 기록을 발견했다.

우르 남무가 죽은 뒤에 우르 제3왕조 역시 점차 쇠퇴했다. 우르 남무의 뒤를 이어 아마르신이 왕위를 이었지만, 시리아와 아라비아 반도에서 온 아무르인의 대대적인 공격을 받았다. 슈신 왕 때에는 동쪽의 엘람인이 점차 압박해왔고, 기원전 2004년에 우르는 엘람에게 함락되었다. 당시 왕이었던 입비신이 포로가 되면서 우르 제3왕조는 막을 내렸고, 그 후 수메르인이 세운 국가는 다시는 등장하지 않았다. 수메르인은 점차 역사 속으로 자취를 감추었다.

바 빌 로 니 아 의 태 양 함 무 라 비

우르 제3왕조가 멸망의 길을 걷고 있을 무렵인 기원전 2200년경에 시리아에서 건너온 민족이 메소포타미아 평원을 침략했다. 이들이 바로 아무르인이다. 용맹하고 전쟁에 능했던 아무르인은 메소포타미아 하류 부근에 자리를 잡았고, 얼마 후 평원 중부에 이신과 라르사라는 두 도시를 세웠다. 이신과 라르사는 곧 200여 년간에 걸친 격렬한 다툼을 시작했다. 기원전 19세기 초, 이신의 지배를 벗어난 무리가 수무아붐 왕을 따라 유프라테스 강가의 바빌론을 중심으로 새로운 왕국을 세웠다. 이것이 바로 고바빌로니아다. 바빌로니아인들은 수메르인과 아카드인의 문명을 계승·발전시켜 화려한 메소포타미아 문명을 꽃피웠다. 그래서 사람들은 바빌로니아라는 말로 고대 메소포타미아 문명을 표현하기도 한다.

고바빌로니아의 6대 왕 함무라비(재위 약 기원전 1792~기원전 1750)는 바빌로니아에 황금기를 가져왔다. 함무라비 왕 이전에 작은 도시국가에 불과했던 바빌로니아는 늘 주변국들의 위협에 시달렸다. 기원전 18세기에 많은 도시국가가 쇠퇴하기 시작하자 함무라비는 엘람인을 쫓아내고 이신과 라르사를 정복해 메소포타미아 지역을 다시 통일했다. 점토판의 기록에 따르면 함무라비는 뛰어난 통치자였을 뿐만 아니라 지략에 능한 장군이었다. 먼저 내부를 튼튼히 다지고 경제를 발전시켜야 한다고 생각한 함무라비는 재위 초 몇 년 동안은 북쪽의 아수에 복종하는 한편, 법률을 제정하고 수로와 성벽 같은 공공시설을 새로 짓고 보수하는 데 노력을 기울였다. 또 각 지역의 수호신에게 제물을 바쳐 내분을 없애기 위해 노력했다.

  나라를 안정시킨 함무라비는 밖으로 눈을 돌려 먼저 유프라테스 강 하류에 자리 잡은 라르사에 칼날을 겨누었다. 당시 바빌로니아는 라르사에 대항하기에는 역부족이었기 때문에 함무라비는 일련의 외교책략을 구사했다. 우선 아시리아의 통치를 인정하고, 북쪽의 마리와 남쪽의 라르사와 동맹을 체결해 이를 바탕으로 남쪽의 이신을 단숨에 멸망시켰다. 그리고 다시 군대를 일으켜 에슈눈나와 라르사를 굴복시켰다. 기원전 1759년에 함무라비는 마리로 진군해 2년 뒤 승리를 거머쥐었다. 이어서 막강한 전력을 자랑하던 아시리아에 창끝을 겨누어 아시리아는 물론 아시리아의 동맹국까지 굴복시켰다.

  일련의 정복전쟁의 결과 함무라비는 메소포타미아를 모두 통일해 남쪽으로는 걸프 지역, 북쪽으로는 터키 남쪽 국경, 동쪽으로는 자그로스 산, 서쪽으로는 시리아에 이르는 거대한 제국을 건설했다.

  함무라비는 지혜가 매우 뛰어났지만 성격이 불같았다고 한다. 발견된 비석에는 자신을 "신이 임명한 목자, 항상 승리하는 왕, 천하의 보호자, 왕

중의 왕, 신 중의 왕, 강대한 왕, 바빌로니아의 태양, 메소포타미아 지역을 밝게 비추는 태양, 천하가 두려워하는 왕"으로 표현한 글이 새겨져 있다. 이러한 칭호에 조금도 모자람이 없는 왕이었던 함무라비는 바빌론을 서아시아의 경제와 문화의 중심지로 만들었고 위대한 고대 문명을 일궈냈다. 42년 동안 여러 도시국가를 정벌해 메소포타미아의 역사적 무대를 남부에서 북부로 이동시켜 그 후 서아시아가 천 년이 넘는 시간 동안 새롭게 발전할 수 있는 길을 열었다. 고바빌로니아는 메소포타미아 역사상 가장 빛나는 전성기를 구가했고, 백성들은 함무라비의 업적을 기려 그를 달의 신의 후손이라 불렀다. 고대 명문銘文에는 다음과 같은 기록이 남아 있다.

위대하고 신성한 아누나키의 왕, 하늘의 주재자이자 바빌로니아 운명의 결정자인 아누 신(메소포타미아의 하늘의 신—옮긴이)께서 마르두크(도시 바빌론의 신, 바빌로니아의 민족신—옮긴이) 신과 함께 전 인류를 통치할 때, 여러 신이 정중하게 바빌로니아의 이름을 언급할 때, 여러 신이 전 세계에서 특별히 바빌로니아를 선택하고 이곳에 영원한 왕국을 세웠을 때, 아누 신은 "함무라비여, 칭송받을 만한 군주여, 신들을 섬기는 자여, 너는 이 땅을 정의로 다스리고 사악한 자와 악행을 일삼는 자들을 없애 백성을 만족시키고 바빌로니아의 생명과 재산을 지켰다. 함무라비의 행동은 우리를 매우 기쁘게 했다"라고 말씀하셨다.

함무라비의 통치 아래 고바빌로니아는 눈부신 발전을 이루었다. 웅장하고 화려한 왕궁, 하늘을 향해 우뚝 솟은 아름다운 사원, 유프라테스 강을 가로지르는 다리, 바다를 항해하는 상선, 이 모든 것이 바빌로니아의 번영을 보여준다. 이 시기 바빌론은 제국의 수도였을 뿐만 아니라 국제적인 대

함무라비 왕은 메소포타미아 지역을 또다시 통일했을 뿐만 아니라, 전제국가의 기틀을 마련했다. 사진은 함무라비의 조각상이다.

도시로 거듭났다.

  메소포타미아 지역을 성공적으로 통일한 함무라비가 강력한 전제국가를 건설한 것은 인류 역사에도 큰 의미가 있다. 그는 중앙정부를 만들었을 뿐만 아니라 지방을 다스리는 데도 관심을 기울여 비교적 넓은 지역에는 총독을 파견하고 중·소 지역에는 행정장관을 보냈다. 함무라비가 신하들에게 보냈던 수많은 문서를 살펴보면 나라의 모든 일에 직접 관여하려 했던 모습이 담겨 있다. 예컨대 라르사의 총독에게 보낸 문서에는 뇌물 사건을 조사해 혐의가 사실로 밝혀지면 뇌물을 받은 자와 사건의 증인을 모두 왕궁으로 압송하라는 명령이 적혀 있다. 이 밖에 함무라비는 토병(일정한 지역에 사는 사람들로 조직된 지방 군사—옮긴이)들에게 일정한 땅을 나누어주는 대신 군대 복무를 의무로 규정했고, 장교가 토병에게 뇌물을 받는 것을 엄격히 금해 만약 이를 위반하면 사형에 처했다. 이뿐만 아니라 직접 군대를 배치하기도 했다.

함무라비는 경제 분야에서도 탁월한 재능을 보였다. 중앙정부는 지방에서 각종 세금을 거두었고 수리시설을 일괄적으로 관리했다. 기록에 따르면 함무라비는 수리시설을 매우 중요하게 여겨 재위 8년, 9년, 24년, 33년 되던 해에 수로를 팠다. 또 지방에서 올라온 경제 관련 사건들을 직접 처리했다. 함무라비가 라르사의 총독에게 보낸 문서를 보면 "짐이 아무르인의 수장인 총독에게 450제곱킬로미터의 토지를 개간하라 명한 뒤에 개간한 토지를 납공인(공물과 세금 납부를 조건으로 왕실에서 땅을 받은 자유민—옮긴이)에게 나누어주었다. 이에 짐은 왕궁에 속한 여분의 땅을 그대에게 하사하려 하노라" 하는 내용이 나온다. 함무라비는 지방 사원의 경제권도 쥐어 자주 감찰했고 라르사의 총독에게 문서를 보내 사원의 관리들이 직접 바빌론에서 회계 보고를 하게 했다. 또 상인이 포로가 된 토병을 샀을 때 만약 토병이 몸값을 낼 능력이 없으면 지방 사원이 대신 지급하도록 했다.

함무라비는 왕권신수설을 널리 퍼뜨렸다. 그는 "아누 신과 엔릴(메소포타미아의 하늘과 바람의 신—옮긴이) 신이 인간의 행복을 위해 나에게 명하셨다. 신을 경외할 줄 아는 위대한 군주 함무라비여! 세계에 정의를 보여주고 악의 무리를 처벌하는 사람이여! 너로 말미암아 강자가 약자를 욕보이지 않고, 내가 샤마시(태양의 신이자 정의의 신—옮긴이)처럼 백성과 대지를 비출 수 있게 하라"고 주장했다. 함무라비는 스스로를 신 중의 왕이라 불러 전제왕권과 신권을 통일시키려 했다. 하지만 정작 함무라비를 널리 알린 것은 검은색 돌덩어리였다. 이 돌덩어리에는 「함무라비 법전」이 새겨져 있다. 함무라비는 바빌로니아의 새로운 사회적·경제적 관습을 바탕으로 기존의 여러 도시국가에 있던 법전과 씨족 생활을 하던 아무르인의 관습법을 결합해 성문 법전인 「함무라비 법전」을 탄생시켰다.

「함 무 라 비　　법 전」

　1901년 12월, 프랑스와 이란의 합동 발굴팀이 이란의 서남부, 걸프 지역 북쪽에 있는 고대 도시 수사에서 발굴을 진행했다. 발굴팀은 검은 현무암으로 된 돌덩이 한 개를 발견했고 며칠 뒤에 두 개를 더 발견했다. 돌덩이 세 개를 하나로 합치자 타원형 돌기둥이 되었다.
　돌기둥은 높이가 2.25미터로 아랫부분의 원주 길이가 1.9미터, 윗부분의 원주 길이는 1.65미터였다. 돌기둥의 윗부분에는 부조가 새겨져 있었고, 아랫부분에는 전형적인 아카드어(바빌로니아어)인 쐐기문자가 새겨져 있었다. 역사학자와 고고학자 들은 철저한 고증을 거쳐 이 돌기둥이 「함무라비 법전」이라고 발표했다. 돌기둥 윗부분의 부조에는 고바빌로니아인이 숭배한 태양신 샤마시가 보좌에 앉아 그 앞에 공손히 서 있는 함무라비에게 제왕의 권력을 상징하는 「함무라비 법전」을 하사하는 모습이 새겨져 있다. 돌기둥 아랫부분에는 함무라비가 제정한 법전의 내용을 쐐기문자로 새겨 놓았는데 일부 문자는 마모되었다.
　「함무라비 법전」의 공포 연대와 관련해 정확한 문헌기록은 존재하지 않는다. 하지만 여러 단서를 근거로 법전이 공포될 당시의 대략적인 상황은 유추할 수 있다. 연명표年名表에 따르면 함무라비는 재위 2년째에 국내에 정의를 확립했는데, 「함무라비 법전」에도 "국내에 성실함과 정의를 확립했다"라는 문구가 있다. 연명표에는 재위 32년째 되던 해에 "정의의 왕 함무라비의 조각상을 제작했다"라는 기록이 있는데, 「함무라비 법전」 말미에도 "정의의 왕인 나의 귀중한 가르침을 내 조각상 앞에 놓아라"는 문구가 등장한다. 「함무라비 법전」에 언급된 중요한 사건들에서도 법전의 공포 연대를 대략적으로 추정할 수 있다. 예컨대 법전의 머리말에 "짐은 라르사의

「함무라비 법전」이 갖는 권위 덕분에 함무라비 왕은 고바빌로니아를 효율적으로 통치할 수 있었다.

전사를 용서하노라"는 문구가 있는데, 연명표에 따르면 함무라비는 재위 31년째 되던 해에 라르사를 정복했다. 머리말에는 또 키시의 신전이 언급되어 있는데, 연명표를 보면 이는 재위 36년째 되던 해의 일이다. 머리말에는 "강대한 군주, 바빌로니아의 태양, 메소포타미아 전역을 비추는 빛, 천하의 왕, 이슈타르가 아끼는 사람"과 같은 함무라비의 칭호가 적혀 있다. 이러한 사실들은 집권 후기 또는 적어도 그가 유프라테스 강과 티그리스 강 유역을 통일한 이후에 법전을 공포했음을 증명한다. 물론 함무라비 통치 초기에 법률은 이미 제정되어 실행되고 있었다. 어떤 학자들은 함무라비 재위 2년째인 "국내에 정의를 확립한 해"에 법률이 제정·실시되었고, 재위 40년째에 법전을 돌에 새겨 공포했다고 주장한다. 일부에서는 함무라비가 재위 3년째에 법률을 제정해 실시했으며, 처음에 점토판에 새겼던 법률을 재위 35년째 되던 해에 다시 돌에 새겨 공포하고 머리말과 맺음말을 수정했다고 주장하기도 한다.

　기원전 1163년에 이란 지역의 강력한 노예제 국가였던 엘람은 고바빌로니아를 점령하고 「함무라비 법전」이 새겨진 돌기둥을 전리품으로 수사에 가져갔다. 하지만 엘람은 페르시아에 멸망당했고, 기원전 6세기에 페르시아의 다리우스 1세가 제국의 수도를 수사로 정하면서 「함무라비 법전」은 다시 페르시아의 수중에 들어갔다. 3,000여 년이 흐른 뒤 수사에서 고고학자들이 발견한 「함무라비 법전」은 프랑스의 루브르 박물관으로 보내져 지금까지 전시되고 있다.

고고학자들은 발굴된 「함무라비 법전」 돌기둥에서 일부 문장이 마모된 것에 의문을 품었다. 사료에 따르면 바빌로니아를 점령한 엘람은 엄청난 성취감에 도취되어 돌기둥에 자신들의 공적을 새기고 싶어 했다. 그런데 무슨 이유에서인지 새겨진 글자를 지운 자리에 새로운 글자를 새길 수가 없었다. 결국 돌기둥에 마모된 글자는 세월의 흔적이 아니라 엘람이 자신들의 공적을 새기기 위해 일부러 지운 것이었다. 엘람이 35개 조항을 지워버렸지만 다행히 돌기둥의 다른 원문은 보존 상태가 양호하다. 1933년에 프랑스의 고고학 조사대가 유프라테스 강과 티그리스 강 유역에 있는 마리의 궁전에서 함무라비와 관련이 있는 쐐기문자를 대량으로 발견했다. 놀랍게도 그 내용은 마침 돌기둥에서 훼손된 부분이었다. 또 아시리아의 왕궁 도서관에서 사본이 발견되어 「함무라비 법전」의 내용을 매우 정확하게 파악할 수 있게 되었다.

그렇다면 강력한 전제정치를 펼쳤던 함무라비는 왜 「함무라비 법전」을 공포한 것일까? 유프라테스 강과 티그리스 강 유역의 고대 문명을 살펴보

루브르 박물관   센 강 북쪽 기슭에 있으며, 1204년에 착공해 700여 년 동안의 공사를 거쳐 오늘날의 규모를 갖추었다. 세계에서 가장 유명한 예술의 보물창고로, 세계 3대 보물로 일컬어지는 조각상 「비너스」, 유화 「모나리자」, 석상 「승리의 여신」을 소장하고 있다. 이 밖에 그리스와 로마, 이집트를 비롯한 동양의 문물도 대거 소장하고 있다.

면 법전은 훨씬 이전부터 존재했음을 알 수 있다. 함무라비보다 천 년이나 앞선 시기에 우루카기나 왕이 바빌로니아에 법률을 선포했다는 기록이 있으나 이 법률은 현재 전해지지 않는다. 우르 제3왕조의 창시자 우르 남무도 세계 최초의 성문 법전인 「우르 남무 법전」을 제정했다. 이 법전은 보전 상태가 매우 나빠 정확한 내용을 알기 어렵지만 「함무라비 법전」과 비슷한 것으로 추측된다. 우르 제3왕조가 멸망한 후 분열된 메소포타미아에 다시 법전이 등장한다. 하나는 기원전 20세기 초에 제정된 에슈눈나의 「빌랄라마 법전」이고, 다른 하나는 이신(고대 메소포타미아의 도시—옮긴이)의 「리피트 이슈타르 법전」이다. 이것들은 모두 「함무라비 법전」에 어느 정도 영향을 주었다. 역사학자들은 함무라비의 선조인 수무라일루도 법률을 공포했을 것으로 추측한다. 따라서 「함무라비 법전」은 새로운 내용을 담았다기보다 당시에 존재했던 법률들을 정리해 처음으로 자신들의 언어로 재탄생시켰다는 점에서 의의를 찾을 수 있다. 법률은 함무라비가 왕위에 오른 지 2년째 되던 해에 공포되었고, 법률을 새긴 돌기둥은 30년이 지나서야 고바빌로니아의 사원에 등장했다.

함무라비는 나라 살림과 백성의 생활에 깊은 관심을 기울인 훌륭한 왕이었다. 영토가 점차 확대되면서 감당할 수 없을 만큼 수많은 사건이 쏟아지자 함무라비는 과거의 법률 조문을 수집하고 관습법을 더해 이를 돌기둥에 새겼다. 그리고 돌기둥을 마르두크 신전에 두어 백성들이 본받게 했다. 「함무라비 법전」은 함무라비가 정복한 메소포타미아 지방의 법률들을 통일함으로써 고바빌로니아를 튼튼히 하는 한편, 각종 분쟁을 조정하고 사회질서를 바로 세우기 위한 것이었다.

머리말과 본문, 맺음말로 구성된 「함무라비 법전」은 총 3,500행으로, 쐐기문자 약 8,000여 개를 사용해 기록했다. 282개조의 법률로 이루어진 본문은 도덕적 설교에서부터 시작해 개인의 사회생활, 국가의 의무에 이르기까지 광범위한 내용을 다루었다. 개인의 사회생활에는 모함, 도둑질, 은닉, 약탈, 병역, 토지 분쟁, 상업과 무역, 운송 위탁, 인질, 채무, 보관, 혼인, 계승, 입양, 상해, 의료, 이발, 건축, 배, 노예와 관련된 다툼 등 놀라울 정도로 구체적이고 세세한 내용이 포함되어 있다.

함무라비는 법전의 머리말과 맺음말에서 자신의 권력은 하늘의 신 아누와 땅의 신 엔릴에게서 받은 것이라는 왕권신수설을 강조했다. 그는 자신의 위대한 업적을 찬양하며 입법의 목적을 설명했다. 이와 관련해 법전에는 "정의의 법으로 …… 마르두크 신께서 나에게 위탁한 사람들을 소홀히 하거나 무시하지 않았다. 나는 이들을 위해 평화를 찾았으며 심각한 어려움들을 극복했다. …… 인자한 그림자가 제국에 둘러 퍼졌도다. 내 가슴속에 수메르와 아카드 땅의 백성을 품었으니 이들은 나의 보호 아래 번성했다"라고 기술되어 있다. 법전 머리말에는 "아눈나키의 존경스런 왕이신 아누와 땅의 신이신 엔릴께서 엔키의 맏아들 마르두크를 선택해 이기기(수메르 신화에 나오는 작은 신들—옮긴이) 가운데서 그를 위대하게 만드시고 높은 이름으로 바빌로니아를 부르게 하셨다. 또 바빌로니아를 세상에서 가장 강하게 만들고 하늘과 땅처럼 견고한 영원한 왕권을 세우셨을 때, 세상에 정의가 나타나 사악한 자와 악한 자를 멸하며 강자가 약자를 억압하지 못하고 백성 위에 태양같이 일어나 땅을 밝게 비추고 백성의 삶을 더욱 복되게 하기 위해 아누 신과 엔릴 신께서 나 함무라비를 부르셨느니라"는 내용이 기록되어 있다.

돌기둥에는 태양신 샤마시가 함무라비에게 법전을 전해주는 순간이 부

「함무라비 법전」에는 고바빌로니아 백성의 생활상이 구체적으로 기록되어 있어 당시의 사회현실을 엿볼 수 있다.

조로 표현되어 있다. 자세히 살펴보면 바빌로니아인들이 숭상했던 당당한 체격을 지닌 샤마시가 단정하게 수염을 땋아 내린 채 오른쪽 어깨가 드러난 두루마기처럼 긴 옷을 걸치고 머리에는 나선형 왕관을 쓴 채 보좌 위에 앉아 있다. 태양처럼 밝은 빛을 내뿜고 있는 샤마시는 황제의 권위를 상징하는 지팡이와 고리를 함무라비에게 전해주고 있다. 머리에 왕관을 쓴 함무라비는 엄숙한 표정으로 손을 들어 선서하며 신법을 공손히 받아들이겠다는 것을 보여준다. 맺음말에서 함무라비는 무서우리만치 저주스러운 언어로 "만약 내가 공포한 법률이 무효하다 여겨 왜곡하고, 나의 글을 고치고, 나의 이름을 지워 자신의 이름을 새기려 한다면, …… 신이시여, 그의 왕좌와 영광을 멸하소서! 그의 피리와 지팡이를 끊어버리소서! 영원히 그를 저주하소서!"라고 경고했다.

「함무라비 법전」은 이에는 이, 눈에는 눈이라는 원칙에 따라 자유민 간의 갈등을 처리하는 법률이 대부분을 차지한다. 만약 두 사람이 싸우다가 한쪽이 상대방의 눈을 멀게 했다면 가해자의 눈을 멀게 하고, 누군가가 한 사람의 다리를 부러뜨렸다면 가해자의 다리를 부러뜨린다. 상대의 폭력으로 이가 빠졌다면 가해자의 이를 뺀다. 심지어 집이 무너져 집주인의 아들이 깔려 죽었다면 그 집을 지은 사람의 아들이 목숨을 내놓아야 한다. 법전은 이러한 규정을 명확히 하고 있다.

제1조 다른 사람을 살인 혐의로 고소한 사람이 사실을 입증하지 못하면, 고소한 자를 사형에 처한다.

제3조 생명이 걸려 있는 사건에서 어떤 사람이 거짓된 증거를 제시하면, 그 사람을 사형에 처한다.

제5조 판결을 내리고 도장이 찍힌 서류를 보관한 판사가 나중에 자신의 판결을 변경한다면, 사람들은 판사가 판결을 번복했음을 입증할 수 있다. 이때 판사는 그 사건에서 결정된 배상액의 12배를 지급해야 하며, 나아가 판사를 법정에서 추방해 다시는 사건을 처리하지 못하도록 한다.

이러한 법률들은 사전에 어느 정도 무고죄를 방지해 백성의 자유를 보장한다. 하지만 노예제 사회라는 한계 때문에 법 앞에 평등을 완전하게 실현할 수는 없었다. 「함무라비 법전」은 노예를 온전히 노예 주인의 재산으로 보았기 때문에 사유재산을 보장하는 데 주력했고, 노예는 자신을 변호할 권리가 없었다. 예컨대 노예 주인이 자유민의 눈을 멀게 하면 일정 금액을 보상해야 하지만, 대상이 노예라면 어떤 보상도 할 필요가 없었다. 또 노예가 자신의 주인을 인정하지 않을 때 주인이 노예증명서를 제시하면 노예는 두 귀를 잘린다. 심지어 노예가 자유민의 뺨을 때릴 때도 귀를 잘리는 형에 처했다.

· 노예를 숨겨주거나 도망을 도운 자는 사형에 처한다.

· 도망 중인 노예를 잡아 주인에게 돌려준 자에게 노예 주인은 은 2세켈을 지급해야 한다.

하지만 3,000여 년 전에 만들어진 「함무라비 법전」은 오늘날에도 시사하는 바가 크다. 특히 민사와 관련된 여러 법률은 시대를 앞서갔다는 평가를 얻고 있다. 이와 관련된 내용을 살펴보면 다음과 같다.

· 만약 어떤 사람이 게을러서 제방을 튼튼히 만들지 않아 다른 사람의 농경지에 물이 범람했다면, 무너진 제방의 주인은 이에 대해 곡물로 변상한다.

· 건축가의 잘못으로 집이 무너지고 집주인이 압사했다면, 건축가는 자신의 목숨으로 보상해야 한다.

· 황소가 길을 따라 걷다가 사람을 뿔로 받아 죽게 한 경우는 소송 대상이 되지 않는다.

· 농경지의 임대료는 소득의 3분의 1이나 2분의 1로 하며, 과수원의 임대료는 소득의 3분의 2로 한다.

· 빌린 농경지에 곡물을 키우지 않은 것은 임차인이 그 땅에서 일하지 않았다는 사실을 입증하는 것이니, 임차인은 이웃 전답의 수확고를 기준해 땅 주인에게 곡물을 주어야 한다.

· 폭풍우의 신이 농경지를 물에 잠기게 하거나, 홍수가 곡물을 휩쓸어가거나 또는 물이 없어 곡물이 자라지 못한 해에는 임차인이 땅 주인에게 곡물을 주지 않아도 된다.

· 농경지를 경작하지 않고 묵힌 자는 주변의 수확고를 토대로 주인에게 곡물을

주어야 하며, 그가 놀린 농경지를 곡괭이로 파고 써레질한 뒤에 돌려주어야 한다.

「함무라비 법전」의 형법은 매우 엄격하다. 이와 관련해 다음과 같은 내용이 나온다.

- 화재를 진압하러 들어간 사람이 집주인의 재물에 눈을 돌려 제 것으로 차지했다면, 집주인은 그 사람을 불 속에 던진다.
- 술집 주인이 자신의 술집에서 모의를 하는 불량배들을 잡아 왕궁에 데려가지 않았다면 그 주인을 죽인다.
- 아들이 자기 아버지를 때렸다면, 아들의 손을 자른다.

재미있는 사실은 「함무라비 법전」이 결혼과 관련해서 기본적으로 남녀평등의 개념을 보인다는 것이다. 이는 3,000년 전의 노예제 사회에서 매우 드문 일이다.

- 결혼은 엄숙한 일로, 무역처럼 계약을 통해서만 유효하다.
- 남편에게 학대받는 아내는 지참금을 모두 챙겨 친정으로 돌아갈 수 있다.
- 남편이 죽으면 아내는 자식과 함께 남편의 유산을 물려받을 수 있다.
- 여자 노예와 주인이 결혼해 자녀를 낳은 경우에 남편이 죽으면, 여자 노예와 그 자녀들은 모두 노예 신분을 벗어날 수 있다.
- 아내가 오랫동안 병상에 누워 있더라도 남편은 아내를 내쫓을 수 없으며 반드시 자신의 집에 머물게 해야 한다.

이 밖에 당시의 시대 분위기가 느껴지는 부분도 눈에 띈다.

- 아내가 다른 남자와 함께 누워 있다가 붙잡히면, 이들을 묶어서 물속에 던지도록 한다.
- 아이를 낳지 못한 아내와 이혼하기를 원하는 사람은 아내에게 결혼식에 사용한 비용과 지참금을 돌려주어야 한다.
- 아내가 남편을 제대로 내조하지 못하면 친정에 돌아가야 한다. 이럴 경우에 지참금은 모두 남편의 소유다.

「함무라비 법전」은 고바빌로니아의 영원함을 기원하며 편찬되었지만 안타깝게도 왕국은 함무라비 왕이 죽은 뒤에 150년밖에 지속되지 못했다. 기원전 1595년경에 히타이트의 침략을 받아 한 시대를 풍미했던 고바빌로니아는 급속도로 쇠락했고, 함무라비가 현무암에 새겼던 법전은 침략자들의 전리품이 되어 이곳저곳을 떠돌다가 수사까지 흘러들었다. 하지만 「함무라비 법전」은 메소포타미아에서 이어져 내려오던 성문 법전의 전통을 유지했을 뿐만 아니라 내용과 편집 기술의 훌륭함까지 더해져 한층 발전한 당시의 사회적 면모를 드러낸다.

「함무라비 법전」은 공식적인 성문 법전으로, 법률제도의 효시이자 인류 문명과 법치의 초석이 되었다. 역사학자들의 주장에 따르면 「함무라비 법전」은 나중에 등장한 「아시리아 법전」, 「히타이트 법전」, 『구약성서』에서 볼 수 있는 「유대인 법전」은 물론 고대 그리스와 로마의 법에 이르기까지 커다란 영향을 끼쳤다. 나아가 「함무라비 법전」의 일부 원칙들은 오늘날 서양의 법률에도 적지 않은 영향을 주었다. 학자들은 3,000년 전의 낡은 법전에 대해 오랫동안 여러 평가를 내렸다. 이 중에는 함무라비가 법전을 제정하고 돌에 새긴 것은 단지 자신의 위대함을 드러내기 위함이었다는 주장도 있지만 「함무라비 법전」은 오늘날의 관점에서 봐도 아주 논리적이며 지금까지 인류가 발견한 그 어떤 성문 법전보다 완벽하다.

　「함무라비 법전」의 공포는 이신과 라르사 시대 이후 메소포타미아에서 일어나던 새로운 변화를 법률적으로 인정했다는 의미와 함께 사법제도가 일반 백성의 삶 속에 깊숙이 영향을 미치기 시작했음을 뜻한다. 고바빌로니아가 노예제의 기초를 다지고 이를 바탕으로 경제 발전을 촉진하는 데도 긍정적인 작용을 했다. 마지막으로 짚고 넘어가야 할 사실은 고바빌로니아 사회의 백과사전이라 불릴 만큼 「함무라비 법전」은 다양한 분야를 다뤘다는 점이다. 그래서 「함무라비 법전」은 고바빌로니아의 사회와 경제, 서아시아의 법률을 연구할 때 빼놓을 수 없는 귀중한 자료가 되고 있다.

바빌론의 공중정원

메소포타미아의 역사를 살펴보면 사르곤과 함무라비 같은 인물들이 중요한 위치를 차지하지만, 오늘날 많은 사람들은 바빌로니아의 건축물에 더 커다란 흥미를 느낀다. 이 중에서도 가장 유명한 것이 바로 세계 7대 불가사의로 꼽히는 공중정원이다. 이 신비한 건축물의 비밀을 이해하려면 먼저 신바빌로니아의 네부카드네자르 2세에 대해 살펴보아야 한다.

네 부 카 드 네 자 르 2 세

기원전 7세기 후반, 한때 전성기를 구가했던 아시리아는 내란과 외환이 겹치면서 점차 몰락의 길로 접어들었다. 이때 바빌로니아 남부에 있던 칼데아의 나보폴라사르 왕이 점차 세력을 키워 기원전 621년에 메디아와 연합해 아시리아의 수도 니네베를 쑥대밭으로 만들었다. 나보폴라사르와 메디아 왕은 아시리아의 영토를 서로 나눠 가졌는데, 이때 나보폴라사르는 서쪽 절반을 차지했다. 역사적으로 이 왕국을 아시리아에 멸망당한 고바빌로니아와 구별하기 위해 신바빌로니아라 부른다. 나보폴라사르는 신바빌로니아를 열었다.

나보폴라사르의 맏아들이었던 네부카드네자르는 어려서부터 아버지를 따라 수많은 전투에 참가해 용맹함을 떨쳤기 때문에 군대의 적극적인 지지를 받았다. 네부카드네자르의 이름을 바빌로니아어로 해석하면 왕관을 보호하고 계승하는 자 또는 변경을 지키는 자라는 뜻을 갖고 있다.

이집트는 일찍이 아시리아를 공격해 카르케미시 일대를 점령했다. 그래서 신바빌로니아는 예전 아시리아의 영토인 이 지역을 되찾기 위해 이집트와 유프라테스 강 상류에서 끊임없이 충돌했다. 처음에는 수세에 몰렸지만, 아버지 나보폴라사르에게 군대를 넘겨받은 네부카드네자르는 기원전 605년 봄, 카르케미시에서 최후의 결전을 벌였다. 용감한 신바빌로니아의 군사들은 물밀듯이 적진을 향해 돌격해 이집트군에 심각한 타격을 주었고 도망치는 이집트 군사들을 끝까지 추격해 섬멸했다.

기원전 605년 8월에 나보폴라사르가 세상을 떠났다. 이 무렵 시리아와 팔레스타인 일대에서 전쟁을 치르고 있던 네부카드네자르는 아버지의 사망 소식을 듣자마자 군대를 이끌고 밤낮으로 달려 23일 만에 바빌론에 도착했다. 오는 내내 가슴을 졸인 네부카드네자르와 달리 바빌론은 평소와 다름없이 평화로웠다. 네부카드네자르는 돌아온 날 바로 왕위에 올라 네부카드네자르 2세가 되었다. 네부카드네자르 2세는 신하와 백성들에게 "부와 영광 그리고 천하를 선사할 것이다"라고 약속했다. 그는 실제로 자신의 맹세에 부끄럽지 않을 만큼 훌륭한 업적을 쌓았다.

네부카드네자르 2세가 즉위할 당시에 이미 시리아 대부분이 발아래 무륳을 끓었지만, 유대 왕국과 페니키아를 포함한 지중해 연안 지역은 이집트와 바빌로니아 사이에서 결정을 내리지 못하고 있었다. 이집트의 운명이 비록 바람 앞의 등불이라고는 해도 여전히 무시할 수 없는 커다란 세력이었기 때문이다. 네부카드네자르 2세는 먼저 동쪽에 있는 메디아의 공주를 아내로 맞아 훗날 있을지 모를 문제를 미리 방지하려 했다(이것이 그가 공중정원을 건설한 이유다). 그래도 불안했던 네부카드네자르 2세는 메디아의 공격에 대비해 두 나라의 국경 지대에 성을 쌓았다. 모든 준비를 마친 네부카드네자르 2세는 서쪽을 향해 나아가 파죽지세로 공격을 퍼부어 기원전 602년에 다마스쿠스와 시돈, 티레는 물론 유대 왕국까지 굴복시켰다. 기원전 601년에 네부카드네자르 2세는 또다시 이집트와 전투를 벌였으나 두 나라 모두 심각한 타격을 입었고, 결국 신바빌로니아군은 퇴각했다.

그러자 3년 동안 네부카드네자르 2세를 섬기던 유대 왕국이 이집트에 투항했다. 이 소식을 접한 네부카드네자르 2세는 크게 분노해 예루살렘을 폐허로 만들겠다고 맹세했다. 기원전 598년 말에 유대 왕국의 여호야킴 왕이 죽고 아들 여호야긴이 왕위에 올랐다. 공격할 절호의 기회라 생각한 네부카드네자르 2세는 직접 군사를 이끌고 예루살렘으로 향했다. 두 달여에 걸친 포위 공격 끝에 여호야긴과 신하들이 성 밖으로 나와 투항하자 네부카드네자르 2세는 여호야긴을 폐하고, 자신이 시드키야로 개명시킨 여호야긴의 삼촌을 왕으로 세워 영원히 신바빌로니아에 충성한다는 맹세를 받아냈다. 그리고 왕족과 기술자들을 바빌론으로 압송했다.

기원전 588년에 이집트가 다시 팔레스타인을 공격하자 유대 왕국의 시드키야 왕과 신바빌로니아를 섬기던 주변 나라들이 일제히 이집트를 지지했다. 유대 왕국이 또다시 반기를 들자 네부카드네자르 2세는 격노해 예루

1 2

1 신바빌로니아의 네부카드네자르 2세는 위대한 군사 업적뿐만 아니라, 수도 바빌론을 화려하게 꾸민 것으로도 유명하다.

2 신바빌로니아는 네부카드네자르 2세의 통치기에 크게 번영해 수도 바빌론은 각지에서 온 상인들로 북적였다.

살렘을 공격했다. 18개월 동안 접전을 치른 끝에 예루살렘은 기원전 586년에 함락되었다. 네부카드네자르 2세는 시드키야의 눈앞에서 그의 아들들을 죽이고 시드키야의 눈을 도려낸 뒤에 "이것이 바로 배신자의 말로다"라고 말했다. 네부카드네자르 2세는 시드키야를 쇠사슬로 묶어 바빌론으로 데려왔고, 예루살렘을 쑥대밭으로 만든 뒤에 살아남은 백성들도 모두 바빌론으로 압송했다. 이것이 바로 유명한 바빌론 유수다. 당시 압송되었던 이집트인들은 신바빌로니아가 멸망한 뒤에야 다시 고향 땅을 밟을 수 있었다. 네부카드네자르 2세는 여기서 멈추지 않고 페니키아의 도시 티레를 공격했다. 이 전쟁은 무려 13년간이나 지속되었지만 결국 티레의 투항을 얻어냈다. 트란스요르단의 왕과 귀족들 역시 네부카드네자르 2세에게 무릎을 꿇었다.

네부카드네자르 2세는 적의 공격에 대비해 바빌론을 보수하고 성벽을 쌓았다. "짐은 바빌론을 보호하기 위해 동쪽부터 견고한 성벽을 쌓으라고 명했다. 해자를 파고 역청과 벽돌로 강기슭을 만들었으며, 해자 부근에는 산처럼 높은 보호벽을 쌓았다. 또 소나무를 사용해 거대한 성문을 만들고 표면을 구리로 씌웠다. 해자를 넘는 일이 바다를 건너는 것처럼 어렵도록 만조가 되었을 때 바닷물로 가득 채우라고 명했다. 적들이 참호를 넘어 공격하는 것에 대비해 주변에 흙더미를 쌓고 다시 벽돌로 담을 두르라 명했다. 짐은 바빌론을 요새로 만들기 위해 모든 방법을 동원했다."

정방형의 바빌론 성은 맞닿은 해안선이 22.2킬로미터에 달했고 성벽은 높이가 8.5미터에 이르렀다. 벽돌을 사용해 만든 성벽의 폭은 매우 넓어서 말 네 필이 끄는 전차도 그 위를 달릴 수 있었다. 구리로 만든 성문이 100개에 달했고 성벽은 깊은 해자로 둘러싸였으며 유프라테스 강이 성벽 아래부터 흘러들어 성을 가로질렀다. 다시 지은 이슈타르 문은 높이가 12미터, 너비가 20미터로, 벽면의 글라스 타일로 표현된 용과 수소는 햇빛을 받으면 눈부실 만큼 아름다웠다. 성문과 닿는 성벽은 이중으로 건설되었고, 앞뒤로 문이 네 개씩 달린 문루가 두 개, 성벽 위에는 성루가 있었다. 바빌론의 신전을 담당하는 제사장들과 관계가 돈독했던 네부카드네자르 2세는 많은 종교 건물들을 새로 짓거나 재건했다. 이 중에서 바빌론의 마르두크 신전에 있는 지구라트인 바벨탑이 가장 유명하다. 이 밖에 마르두크 신전으로 통하는 큰길을 닦았고 왕궁을 재건했다. 왕궁의 내부 배치는 복잡해 크고 작은 길들이 이리저리 나 있고 방이 매우 많다. 바빌론의 날씨는 매우 뜨겁지만 왕궁은 숲이 우거져 시원했다. 네부카드네자르 2세는 메디아에서 온 왕비가 고향을 그리워하지 않도록 장인 수만 명을 불러 왕궁 안에 작은 정원을 만들어 진귀한 풀과 꽃을 심었다. 이것이 바로 세계 7대 불가사의로 꼽히는 공중정원이다. 이 시기에 정치는 안정적이었고, 아시아 각지에서 상인들이 찾아와 경제가 크게 발전했다. 유명한 이집트의 목화 상인도 이때 나타났다.

기원전 562년에 네부카드네자르 2세는 눈을 감았고 그의 죽음과 함께 신바빌로니아의 영광도 저물기 시작했다. 동쪽에서 막강한 세력을 키우던 페르시아 제국이 동맹국 메디아를 정복해 신바빌로니아는 곤란한 상황에 놓였다. 그러나 위태로운 시기에도 왕과 귀족들은 높고 튼튼한 성벽이 자신들을 지켜줄 것이라고 자신했다. 기원전 538년의 어느 날 밤, 신바빌로니아의 젊은 왕자는 연회를 열어 광란의 밤을 보내고 있었다. 이때 페르시아의 키루스 2세는 유프라테스 강물을 댐 한쪽에 가두었고, 페르시아 군사들은 바닥을 드러낸 수로를 통해 성안으로 잠입해 바빌론을 점령했다. 이후 바빌론은 줄곧 이민족의 지배에서 벗어나지 못하다가 20세기에 들어와 이라크 왕국이 세워졌다.

신바빌로니아는 역사 속으로 사라져버렸지만 네부카드네자르 2세가 취한 일련의 정치적·군사적 행동은 메소포타미아의 발전에 많은 영향을 미쳤고, 그가 남긴 문화유산 역시 인류의 귀중한 재산이 되었다.

공 중 정 원

신바빌로니아가 멸망하면서 이들이 이룩한 놀라운 업적과 높은 성벽, 구리로 만든 문, 공중정원은 모두 무정한 세월 속에 빛이 바래 모래먼지 속으로 사라져버렸다. 그러나 신바빌로니아에 대한 사람들의 동경, 특히 공중정원에 대한 동경은 멈출 줄을 몰랐다.

공중정원과 관련해 낭만적인 이야기가 전해진다. 신바빌로니아의 왕 네부카드네자르 2세는 메디아의 공주 아미티스를 왕비로 맞이했다. 비록 정략결혼이었지만 아름답고 귀여운 아미티스를 네부카드네자르 2세는 정말로 사랑했고 두 사람은 행복한 나날을 보냈다. 그러나 행복도 잠시, 날이 갈수록 고향에 대한 그리움 때문에 왕비의 얼굴에 그늘이 졌다. 메디아는 푸른 산이 병풍처럼 둘러싼 들판에 사시사철 꽃과 풀이 흐드러지게 피어나는 곳인 반면에, 바빌론은 산은커녕 낮은 구릉조차 찾아볼 수 없는 끝도 없이 펼쳐진 평원뿐이었다. 왕비의 마음을 헤아린 네부카드네자르 2세는 그녀의 웃음을 되찾아주기 위해 장인 수만 명을 불러 왕궁 안에 메디아의 자연을 그대로 재현한 높이 25미터에 달하는 정원을 건설했다.

높은 토대 위에 계단식으로 건물을 세운 정원의 각 층에는 진귀한 꽃과

세계 7대 불가사의 중 하나인 공중정원은
네부카드네자르 2세 시대에 건설된 위대한 건축물이다.

풀을 가득 심고, 수도관을 매설했다. 산 사이로 오솔길을 내고 그 옆으로 졸졸졸 물이 흐르게 했다. 장인들이 정원 한가운데에 세운 성루는 공중에 우뚝 솟았고 정원은 다양한 빛의 사자가 상감된 높은 벽으로 둘러싸였다. 정원이 궁정의 성벽보다 높아 마치 공중에 걸려 있는 것처럼 보였기 때문에 사람들은 공중정원 또는 옥상정원이라고 불렀다. 당시 바빌론을 찾은 순례자와 장사꾼, 여행자 들은 멀리서부터 햇빛 아래 황금빛으로 눈부시게 반짝이는 공중정원의 지붕을 볼 수 있었다.

2세기 무렵 그리스의 학자가 세계 각지의 유명한 건축물과 조각을 평가하면서 공중정원을 7대 불가사의에 포함시켰다. 하지만 유감스럽게도 공중정원은 바빌론의 다른 건축물들처럼 모래먼지 속으로 사라져버렸다. 지금은 역사기록을 통해서만 공중정원의 흔적을 찾을 수 있다. 한편 전설 속의 공중정원은 네부카드네자르 2세가 아니라, 시리아의 왕이 사랑하는 왕비를 위해 지은 것이라고 주장하는 사람들도 있다. 어떤 기록에서는 아시리아의 왕 센나케리브가 수도 니네베에 지은 정원이라고 나오기도 한다.

19세기 말에 바빌론 유적을 발굴한 독일의 고고학자들은 남쪽 왕궁의 동북쪽에서 1,260제곱미터에 달하는 정방형의 반지하 건물을 발견했다. 이 건물은 같은 크기의 방 두 개로 구성되어 있었고 각 방의 면적은 6.6제곱킬로미터였다. 두 개의 방 사이에는 복도가 있고, 주변은 높고 두꺼운 담으로 둘러싸여 있었다. 서쪽에 있는 방에서 물탱크 세 개로 이루어진 우물이 발견되었는데, 하나는 정방형이고 나머지 두 개는 타원형이었다. 고고학자들은 작은 방 두 개가 본래 물을 가둬놓던 곳으로 압수펌프를 설치해 물을 공급했다고 주장했다. 고고학자들의 주장을 뒷받침하듯 유적지 곳곳에서 꽃과 나무를 심었던 흔적들이 발견되었다. 그래서 고고학자들은 이곳이 전설 속 공중정원의 유적이 아닐까 추측했다.

바빌론 사람들은 작은 건물 위에 흙을 쌓아 여러 번 기초를 다진 뒤에 꽃과 나무를 심고, 지하에 설치한 압수펌프로 끊임없이 물을 공급했다. 고고학자들의 고증에 따르면 당시 압수펌프의 작동 원리는 기본적으로 오늘날 우리가 사용하는 사슬펌프와 같다. 먼저 물통 몇 개를 사슬에 고정한 뒤에 벽에 설치한 바퀴와 연결하면, 바퀴가 한 바퀴 돌 때마다 물통도 함께 한 바퀴 돌면서 물을 긷고 이렇게 물탱크에 모인 물은 다시 정원으로 흘러든다. 이러한 압수펌프는 메소포타미아에서 지금도 광범위하게 사용되고 있다. 하지만 쐐기문자로 쓰인 바빌로니아의 점토판에서는 공중정원과 관련된 정확한 기록을 찾을 수 없어 앞으로 더 많은 연구가 필요하다.

바벨탑

사람들은 서로 말했다. "자, 벽돌을 빚어 단단히 구워내자." 그리하여 사람들은 돌 대신 벽돌을, 진흙 대신 역청을 사용했다. 사람들은 또 말했다. "자, 도시를 세우고 꼭대기가 하늘까지 닿는 탑을 세워 이름을 날리자. 그렇게 해서 우리가 온 땅으로 흩어지지 않게 하자."

바벨탑과 관련해 『성서』의 「창세기」에 나오는 내용이다. 『성서』에 따르면 바벨탑은 노아의 후손들이 쌓은 하늘탑이다. 당시 사람들은 모두 같은 언어를 사용했다. 동쪽으로 이동하던 중에 시날 평지를 발견해 정착한 노아의 후손들은 하늘에 닿을 만큼 높은 탑을 쌓아 인간의 힘과 단결력을 보여주려 했다. 탑이 하루가 다르게 높이를 더해가는 모습을 본 하느님은 '저들은 한겨레로 모두 같은 말을 쓰고 있다. 이것은 이들이 하려는 일의 시작일 뿐, 이제 이들이 무언가를 하고자 한다면 못할 일이 없을 것이다. 내려가서 이들의 말을 뒤섞어놓아 서로 알아듣지 못하게 만들어야겠다'라고 생각했다. 하느님이 언어를 혼잡하게 만들자 사람들은 서로의 말을 알아듣지 못하게 되었고 바벨탑을 계속 쌓는 일도 불가능해졌다. 이것이 하늘탑의 전설이다.

바벨은 바빌로니아어로 신의 문이라는 뜻이다. 많은 사람들이 공중정원보다는 바벨탑의 실제 존재 가능성을 높게 보고 있다. 고대 그리스의 역사학자 헤로도토스는 자신의 책에서 바벨탑을 언급했다. 헤로도토스에 따르면 바벨탑은 높이가 201미터에 달할 정도로 높고 웅장했다. 탑 바깥쪽에 나선형으로 탑 꼭대기까지 이르는 계단을 만들었고 계단 중간중간에는 쉴 수 있는 장소를 만들었다. 바벨탑의 탑기塔基는 각 변의 길이가 약 90미터에 달했고 높이도 90미터 정도였다. 바벨탑 맨 위에는 큰 신전을 세웠는데 그 안에는 커다란 침대용 의자와 화려한 침구가 있었고 금으로 만든 탁자가 놓여 있었다.

기원전 539년에 바빌로니아를 정복한 페르시아의 키루스 2세는 바벨탑을 보고 한눈에 매료되었다. 그래서 탑을 훼손하지 않은 것은 물론, 자신의 무덤에 규모는 조금 작지만 이와 비슷한 건축물을 세우라 명했다. 하지만 불행히도 바벨탑은 페르시아 크세르크세스 1세의 명령으로 폐허로 변하고 말았다. 마케도니아의 알렉산드로스 왕도 바벨탑을 줄곧 동경해 멀리 인도를 정벌하러 갈 때 일부러 바벨탑의 유적지에 들렀다. 그 역시 키루스 2세처럼 바벨탑의 웅장함에 매료되어 재건하려 했지만, 폐허가 된 탑의 잔해를 치우는 데만 만 명이나 되는 인원과 두 달 가까운 시간이 필요하다는 것을 깨닫고 계획을 포기할 수밖에 없었다. 메소포타미아 문명이 사라지면서 바벨탑도 위풍당당했던 예전의 모습을 다시는 회복하지 못했다. 1899년 독일의 고고학자 로베르트 콜데바이는 바빌론 유적을 발굴하던 중

아주 오래전에 사람들은 벽돌을 사용해 꼭대기가 하늘에 닿을 만큼 높은 탑을 쌓아 인간의 힘을 널리 떨치려 했다. 그림은 전설 속 바벨탑의 모습이다.

에 거대한 탑기를 발견했다. 그는 이것이 바로 『성서』에 나오는 바벨탑이라고 생각했다.

과연 바벨탑은 어디에 세워졌던 것일까? 바벨탑의 위치를 두고 학자들마다 의견이 분분하지만, 일반적으로 바벨탑은 신바빌로니아 때 바빌론에 있었던 마르두크 신전의 지구라트로 여겨지고 있다. 마르두크 지구라트의 높이는 약 90미터로, 이는 오늘날 20여 층 높이의 고층 건물과 맞먹는다. 당시 사람들에게는 하늘에 닿을 듯한 엄청난 높이로 다가왔을 것이다. 마르두크 지구라트에서 발견된 비석에 기원전 460년에 역사의 아버지 헤로도토스가 바빌론을 유람할 때 이미 황무지로 변해버린 바벨탑을 보고 남긴 글이 새겨져 있다.

사람들을 괴롭혀온 또 다른 의문은 바빌로니아의 통치자가 탑을 세운 이유였다. 고고학자들은 바빌론 유적에서 나뒹굴던 수많은 벽돌에서 "네부카드네자르 2세, 바빌로니아의 왕이자 여러 신의 옹호자이자 나보폴라사르의 아들이자 바빌로니아의 군주다"라는 문구가 새겨져 있는 것을 발견했다. 즉 네부카드네자르 2세는 탑을 세우는 것으로 자신의 위엄을 드러내

하느님이 사람들의 언어를 혼란시켜 더 이상 서로의 말을 알아듣지 못하게 만들자 바벨탑의 건설은 중지되었다. 결국 바벨탑은 파괴되었고 바빌로니아도 끔찍한 화를 입었다.

고 만인이 우러러보는 영원한 황제로 남으려 한 것이다. 하지만 네부카드네자르 2세가 바빌로니아 제사장들의 지지를 얻기 위해 탑을 세웠다는 주장도 있다. 또 다른 주장에 따르면 옛날 수메르인들은 신이 하늘에서 별을 타고 지구라트로 내려와 신을 섬기는 자를 만난다고 믿었다. 그래서 당시 사람들은 마르두크 신이 날아왔을 때 언제라도 쉴 수 있도록 지구라트 꼭대기에 금으로 만든 침대와 의자, 탁자를 미리 준비해놓고, 여인들 가운데 가장 믿음이 깊은 신도를 뽑아 신전에 머물게 했다는 것이다.

바벨탑을 높게 지은 이유에 대해서도 의견이 분분한데, 바벨탑이 기상을 관찰하고 우주의 오묘함을 생각하는 장소였다는 주장이 있다. 전설 속의 바벨탑은 도대체 어디에 있는 걸까? 이것은 오늘날까지도 풀리지 않은 수수께끼로 남아 있다.

바빌론 유적

유프라테스 강과 티그리스 강이 만나는 곳에 자리한 바빌론은 매우 매력적인 고대 도시다. 그러나 함무라비와 네부카드네자르 2세 때 번영을 누렸던 이곳도 잔인한 역사의 수레바퀴를 피해가지는 못했다. 신바빌로니아가 페르시아 군대에 철저히 짓밟힌 뒤에 한때 황금기를 구가했던 바빌론도 황무지로 변했다. 화려한 문명을 이룩했던 바빌론이었지만 마치 신에게 버림받은 듯 허무하게 모래먼지 속으로 사라져버린 것이다. 2,000여 년이 지난 19세기 말에 이르러서야 유럽의 고고학자들이 발굴을 시작하면서 베일이 조금씩 벗겨지기 시작했다.

1899년에 독일의 고고학자 로베르트 콜데바이가 바빌론의 언덕에서 발굴을 시작했다. 콜데바이는 메소포타미아에 거주했던 고대 민족과 통치자에 대해 상세히 알고 있었고, 특히 님루드와 쿠윤지크에서 출토된 문물과 아시리아의 아슈르바니팔 도서관에서 발견된 많은 자료에 대해 자세히 연구했다. 그는 이번 발굴지가 고바빌로니아의 6대 왕 함무라비가 세운 초기

바빌론이거나 네부카드네자르 2세가 재건한 바빌론일 거라고 굳게 믿었다. 콜데바이는 운 좋게도 발굴을 시작한 지 얼마 되지 않아 거대한 옛 성벽을 발굴했다. 성벽을 따라 사자 이빨, 꼬리, 발톱, 눈, 사람의 발과 턱수염, 눈, 영양처럼 길고 가는 동물의 다리, 야생 돼지 이빨 등이 조각된 수많은 부조의 잔해를 발견했다. 약 8미터도 안 되는 짧은 벽 주위에서 천 개에 달하는 잔해가 발견된 것이다. 콜데바이는 벽의 총 길이가 약 290미터인 것으로 미루어 자신이 이미 발견한 것과 비슷한 잔해를 3만 7,000개는 더 발견할 수 있을 거라고 예상했다.

헤로도토스가 남긴 기록을 살펴보면 바빌론의 최고 장관은 말 네 필이 끄는 전차 두 대가 동시에 달릴 수 있을 만큼 폭이 넓고 튼튼했던 성벽이다. 2,000여 년 동안 사람들은 고대 여행자들이 그러했듯이 성벽의 두께에 대해 헤로도토스가 남긴 기록이 다소 과장되었을 거라고 생각했다. 그러나 콜데바이의 발견으로 바빌론 성벽에 대한 헤로도토스의 기록이 사실이며 조금도 과장되지 않았다는 것이 밝혀졌다. 발굴 작업은 그 어느 때보다 힘들고 어려웠다. 바빌론 성벽을 덮고 있던 흙은 두께가 보통 11.58미터였고 심한 곳은 23.5미터나 됐다. 역사 속 진실을 밝히려면 성벽 위에 단단히 쌓여 있는 흙더미를 깨끗이 제거해야 했다. 콜데바이는 200명에 달하는 인부를 동원해 장장 15년 동안이나 발굴을 진행했다. 그리고 마침내 장엄한 바빌론의 성벽이 세상 사람들 앞에 모습을 드러냈다.

콜데바이가 처음 출토한 벽은 두께가 6.8미터로 일반 벽돌을 사용해 지어졌다. 그런데 발굴된 벽의 바깥쪽 11.7미터 되는 지점에서 또 다른 벽돌 성벽이 출토되었다. 두 성벽 사이의 빈 공간은 당시 흙으로 메워져 말 네 필이 끄는 전차가 달릴 수 있는 폭을 가진 길이 되었다. 벽 위에는 48.8미터 간격으로 망루를 세워 수비군이 순찰을 돌게 했다. 콜데바이는 기록에 근거해 안쪽 벽을 따라 망루가 총 360개 있었고, 외벽에는 250개가 있었을 거라고 추정했다. 이 밖에 두께가 3.66미터인 성벽이 발견되었는데 이것은 원래 해자의 내벽으로 추측된다. 바빌론의 도시 규모는 매우 엄청나다. 출토된 성벽을 통해 바빌론이 니네베보다 컸으며 당시 메소포타미아에서 가장 큰 도시였음을 짐작할 수 있다. 중세 사람들에게 도시란 벽으로 둘러싸인 집단 거주지였다. 이러한 개념대로라면 오늘날까지 바빌론보다 더 큰 도시는 발견된 적이 없다. 콜데바이가 발견한 곳은 『성서』의 「다니엘」에서 다니엘이 "왕 중의 왕", "금으로 된 머리"〔어느 날 네부카드네자르 2세는 머리는 순금, 가슴과 팔은 은, 배와 넓적다리는 청동, 다리는 쇠, 발은 일부가 쇠, 일부가 진흙으로 되어 있는 조각상을 보는 꿈을 꾸었다. 꿈의 뜻을 알지 못해 불안해하던 차에 다니엘이 금으로 된 머리가 바로 네부카드네자르 2세로, 어떤 왕(은, 청동, 쇠, 진흙)보다 큰 영화를 누리게 될 것임을 의미한다고 해몽해주었다—옮긴이〕라고 칭송한 네부카드네자르 2세가 재건한 바빌론이었다.

네부카드네자르 2세 통치 이전의 메소포타미아에서는 굽지 않고 햇볕에 말린 벽돌로 건물을 지었기 때문에 비바람에 쉽게 침식되었다. 하지만 네부카드네자르 2세는 주로 구운 벽돌을 사용했다. 그러나 주민들이 집을 짓기 위해 벽돌을 구하는 과정에서 고대 건물을 끊임없이 훼손했기 때문에 그가 남긴 건물 역시 이전의 건물들과 똑같은 운명을 맞이했다. 지금의 힐라와 인근 촌락들은 네부카드네자르 2세의 벽돌을 사용해 지었기 때문에 벽돌에 새겨진 네부카드네자르 2세의 인장을 찾아볼 수 있다. 심지어 오늘날 유프라테스 강과 운하 사이에 있는 댐 역시 바빌론 주민들이 밟고 다녔던 벽돌과 섬돌을 이용한 것이다.

네부카드네자르 2세가 세운 바빌론은 총면적이 10만 제곱미터나 되는 커다란 도시였다. 그림은 바빌론 성 복원도다.

콜데바이가 발견한 유적 가운데 가장 중요한 것으로는 정원, 지구라트, 도로를 들 수 있다. 콜데바이가 남쪽 성의 동북부에서 발견한 돌과 벽돌로 지어진 건물은 바빌론에서 처음으로 출토된 돔 모양 건축물이었다. 또 이곳에서 수직갱 세 개로 이루어진 우물이 발견되자 콜데바이는 당시에는 우물에 쇠사슬을 따라 움직이던 양수기가 있어 끊임없이 물을 끌어올렸다고 주장했다. 세계 7대 불가사의로 꼽히는 전설 속의 공중정원을 발견했다는 기쁨에 콜데바이의 가슴은 세차게 뛰었고 발굴 현장은 술렁였다. 모두 전설처럼 내려오는 아름다운 정원이 하루빨리 눈앞에 나타나기만을 바랐다. 콜데바이는 공중정원에 대해 언급한 고대 기록들을 처음부터 하나하나 살펴본 끝에 자신의 생각이 절대 근거가 없는 것이 아니라고 확신했다. 그는 자신이 발견한 돔 형태의 건물이 공중정원을 지탱하는 데 사용되었고, 수직갱 세 개로 이루어진 우물에서 꽃과 나무에 필요한 물을 길었을 거라고 추측했다.

그러나 바벨탑과 관련해서는 콜데바이도 탑기 한 개를 발굴하는 데 그쳤다. 『성서』에 따르면 바벨탑은 실제로 존재했는데 함무라비 때 파괴된 뒤에 또 다른 지구라트를 세워 원래의 지구라트를 기념했다. 신바빌로니아를 건설한 나보폴라사르는 "당시 바벨탑을 오랫동안 보수하지 않고 방치하자 마르두크 신께서 나에게 바벨탑을 재건하라 명하셨다. 마르두크 신께서는 탑기를 튼튼히 세우고 탑 꼭대기가 저 멀리 하늘에 닿을 만큼 높게 지으라 명하셨다"라고 말했다. 아들 네부카드네자르 2세는 여기에 덧붙여 "최선을 다해 하늘에 닿을 만큼 탑을 높게 지었다"라는 말을 남겼다.

원래 바벨탑은 여러 층으로 이루어진 높고 거대한 사각형의 기단 위에 지어졌다. 헤로도토스의 기록에 따르면 기단은 총 8층으로, 위로 갈수록 좁아지고 제일 높은 기단 위에 신전을 지어 바빌론 전역을 내려다볼 수 있게 했다. 헤로도토스의 측량에 따르면 탑기는 변의 길이가 모두 87.78미터, 탑과 신전을 합한 총 길이도 87.78미터. 탑은 모두 7층으로, 첫 번째 층은 높이가 32.19미터, 두 번째 층은 17.56미터, 세 번째부터 여섯 번째 층까지는 모두 5.85미터. 신전은 약 14.63미터다. 벽은 도금을 했고 유약을 칠한 하늘색 벽돌로 장식해 햇빛을 받으면 독특한 광채를 띠었다. 그래서 여행객들은 멀리서도 탑을 분명하게 볼 수 있었다. 탑을 짓는 데 사용된 벽돌은 무려 5만 8,000개에 달했다.

한때 하늘을 찌를 듯이 높았던 바벨탑을 마주 대한 콜데바이는 감회를 다음과 같이 기술했다. "비록 폐허뿐인 유적이지만 직접 보니 그동안 책에서 보던 것과는 비교할 수 없을 정도였다. 탑의 규모는 엄청나게 커서 『구약성서』에서 바벨탑이 인류의 교만을 상징한다고 했던 것이 이해가 됐다. 사면에는 사제들이 예배드렸던 호화로운 공간이 있었다. 셀 수도 없을 만큼 많은 창고, 끝도 없이 이어진 하얀 벽, 구리로 만든 화려한 문, 탑을 둘러싼 보루, 천 개에 달하는 망루까지 바빌로니아를 통틀어 이처럼 화려하고 웅장한 건축물은 없었다."

바벨탑 꼭대기에 위치한 마르두크 신전에는 순금으로 만든 반인반수의 신상神像과 역시 순금으로 만든 대형 탁자가 있었다. 헤로도토스의 기록에 따르면 신상과 그 부속품들을 만드는 데 사용된 황금은 모두 800달란트로, 지금의 가치로 환산하면 약 2,400만 달러에 달한다. 사제들이 머물던 방에서 발견된 돌로 만든 오리는 무게가 29.68킬로그램으로, 그 위에 "정확히 1달란트"라고 새겨져 있었다. 만약 헤로도토스의 기록이 사실이라면 마르두크 신상과 그 부속품들에 쓰인 황금은 모두 23.7톤에 달한다. 정말 놀라운 수치가 아닐 수 없다. 탑 꼭대기에 있는 신전의 벽면은 진한 남색의 유리벽돌을 사용했다. 헤로도토스는 이 신전을 기원전 4600년에 보았는데, 탑 꼭대기까지 이어지는 계단이 완성된 지 150년 정도 지난 시점으로 당시까지만 해도 탑은 거의 원형 그대로였다. '위의 신전'은 '아래 신전'과 달리 신상은 없고 큰 침대 한 개와 호화로운 침구, 침대 옆에 놓은 금으로 만든 탁자가 전부였다. 이곳은 신을 즐겁게 해주기 위해 특별히 선택한 여인의 거처였다. 바벨탑 주위를 벽이 둘러쌌고, 방이 마련되어 있었다. 이는 멀리서 오는 참배객들의 숙소로 사용되거나 신전의 사제들이 주로 사용했다.

콜데바이는 바빌론의 다른 지역에서 커다란 도로를 발견했다. 이것은 오로지 신을 숭배하기 위한 목적으로 지어진 길로 고대 로마는 물론이고 오늘날 도시의 그 어떤 도로보다 아름다웠다. 네부카드네자르 2세는 바빌론의 시민들을 이끌고 이 도로를 지나 바벨탑으로 가서 마르두크 신을 참배했다. 위대한 네부카드네자르 2세는 43년에 이르는 통치 동안 쉬지 않고

도로를 건설했다.

도로는 바빌론 성의 방어에도 이바지했다. 높이 6.7미터의 벽 사이에 있는 도로는 마치 하나의 거대한 참호 같아서 아무리 주변을 둘러봐도 밖을 내다볼 수 없었다. 도로는 깊은 도랑처럼 도시의 외곽 성벽에서 내성 입구인 이슈타르의 문까지 이어졌다. 이 도로가 바빌론 내성까지 들어갈 수 있는 유일한 통로였기 때문에 적이 성문을 공격하려면 반드시 여기를 지나야만 했다. 그래서 높은 벽으로 둘러싸인 도로는 적을 죽음으로 끌어들이는 함정이 되었다. 도로 양쪽 벽에는 머리부터 발끝까지 화려하게 표현된 사자가 부조되어 있다. 길이가 무려 2.1미터에 달하는 사자 120마리는 으르렁거리며 이빨을 드러낸 채 당장이라도 적을 향해 덮칠 듯한 자세를 취하고 있다.

도로 중앙에는 90센티미터 정도의 정사각형 석회암 몇 개가 역청을 바른 받침돌 위에 세워져 있는데, 석회암의 각 면은 각력암(모난 자갈이나 암석 조각이 땅 또는 물속에서 퇴적해 모래나 진흙 따위에 의해 다시 응결된 역암—옮긴이)으로 둘러싸여 있다. 밑에 묻힌 돌조각에는 "나는 바빌로니아의 왕 나보폴라사르의 아들 네부카드네자르 2세다. 위대한 마르두크 신을 숭배하기 위해 바벨탑으로 가는 길을 석판으로 깔았다. 마르두크 신이시여, 영생을 주옵소서"라는 글이 새겨져 있다. 이슈타르 문에도 이와 비슷한 글이 새겨져 있고, 기후의 신 라만의 수소와 신들의 제왕인 마르두크의 시르쉬로 장식되었다. 시르쉬는 머리는 개, 몸은 뱀인 용과 비슷하게 생긴 신령한 동물이다. 도로 양쪽을 둘러싼 벽면은 지금도 12미터 정도 남아 있는데 바빌론에서 가장 유명한 유적이다. 당시 도로에는 커다란 전망대와 높은 전망탑이 각기 두 곳씩 있었다고 한다.

콜데바이가 지하에서 자고 있던 바빌론을 깨워 쉬지 않고 복원한 끝에 바빌론은 과거의 모습을 조금씩 되찾았다. 1978년에 이라크 정부는 관광 산업을 발전시키기 위해 바빌론 유적의 복구를 결정했다. 유적지 위에 일부 성벽과 건물을 새로 건설하고, 성안에 박물관을 세워 출토된 바빌론의 유물을 전시했다. 새롭게 재건한 성벽은 하늘색으로 매우 높게 지어져 과거 바빌론의 우아함을 재현했다. 이 밖에 바그다드 시내에 닌마흐 성전과 공중정원을 모방한 건축물을 새로 지었다.

부록

고대 메소포타미아에서 발생한 주요 사건

기원전 4000년 : 수메르인이 메소포타미아에 정착

기원전 3500년~기원전 3000년 : 대홍수 발생. 성서에 기록된 대홍수와 노아의 방주 이야기 탄생

기원전 2300년 : 세계 최초의 지도 등장

기원전 2113년~기원전 2006년 : 우르의 수메르인이 제3왕조 건설

기원전 1800년 : 고바빌로니아가 전성기에 접어듦

기원전 1600년 : 히타이트가 메소포타미아를 침략해 고바빌로니아를 멸망시킴

기원전 1000년 : 아시리아 제국이 일어남

기원전 586년 : 네부카드네자르 2세가 예루살렘을 함락하고 유대 민족을 포로로 잡아 바빌론으로 데려감(바빌론 유수)

기원전 540년 : 페르시아를 세운 키루스 2세가 군대를 이끌고 바빌로니아 침략

기원전 522년~기원전 485년 : 페르시아가 아시아·아프리카·아시아 세 대륙을 아우르는 대제국으로 성장

기원전 326년 : 마케도니아의 알렉산드로스 왕이 이수스에서 다리우스 3세가 직접 지휘한 페르시아의 대군을 격파

기원전 325년 : 마케도니아의 알렉산드로스 왕이 바빌론을 수도로 삼음

기원전 305년~기원전 208년 : 메소포타미아가 셀레우코스 왕조의 일부분이 됨

기원전 64년 : 로마가 셀레우코스 왕조를 멸망시킴

632년~638년 : 아랍 제국이 메소포타미아 점령

762년 : 압바스 왕조가 바그다드로 수도를 옮기고 원형 도시를 건설

786년~809년 : 칼리프 하룬 알 라시드가 붕지하면서 바그다드가 중요한 해상무역 도시로 발돋움

1055년 : 셀주크튀르크가 바그다드에 입성하면서 칼리프는 꼭두각시 신세로 전락

1258년 : 몽골의 훌라구가 제3차 서방 원정을 시작해 바그다드 점령

안나자프

7장 | 시아파의 성지 안나자프

이라크 안나자프 시내 한가운데에 위치한 이맘 알리 모스크에는 무함마드의 사촌이자 사위인 4대 칼리프 알리 이븐 아비 탈리브의 무덤이 있다. 아랍 역사에서 1,300여 년 전 알리의 죽음은 이슬람교를 순니파와 시아파로 분리시키는 결정적 원인이 된 사건으로 기록된다. 시아파의 정신적 창시자가 된 알리의 시신은 생전의 유언에 따라 안나자프에 묻혔고, 가족들은 하와리즈파와 우마이야 가문의 사람들이 무덤을 파헤치는 일을 막기 위해 봉분을 남기지 않았다. 오늘날 안나자프는 시아파의 중요한 성지 가운데 하나로, 매년 1월이 되면 아랍 각국에 퍼져 있는 시아파 신도 수만 명이 화려하고 웅장해 아랍 예술의 보물로 일컬어지는 이맘 알리 모스크 주변에 모여 알리를 기린다.

4대 칼리프 알리 이븐 아비 탈리브의
무덤이 있는 이맘 알리 모스크는
화려하고 웅장해 아랍 예술의
보물로 일컬어진다.
사진은 모스크의 내부 모습이다.

바그다드에서 남쪽으로 160킬로미터 떨어진 유프라테스 강 서쪽의 산등성이에는 오늘날 이라크 안나자프 주의 주도이자 시아파의 가장 중요한 성지인 안나자프(나자프라고도 함—옮긴이)가 있다. 791년에 칼리프 하룬 알 라시드가 세운 이 도시는 10세기경부터 크게 발전하기 시작했다. 안나자프 시내 한가운데에 있는 모스크에는 무함마드의 사촌이자 사위인 4대 칼리프 알리 이븐 아비 탈리브의 무덤이 있다.

　알리는 초기 이슬람교 지도자들과 갈라져 시아파의 정신적 창시자가 된 인물로, 아랍 및 이슬람교 역사에서 1,300여 년 전 그의 죽음은 커다란 영향을 미친 중대한 사건이었다. 이 때문에 안나자프는 시아파의 성지 가운데 하나가 되었다. 매년 1월이 되면 아랍 각국에 퍼져 있는 시아파 신도 수만 명이 이곳에 모여 알리를 기린다.

알리의
안식처

예 언 자 의   후 계 자

알리 이븐 아비 탈리브는 이슬람교를 성립시킨 무함마드의 가장 가까운 친구이자 주요 후계자로서 이슬람교 역사에서 절대적으로 중요한 인물이다. 그는 이슬람교의 4대 칼리프(재위 656~661)로서 순니파는 이슬람의 네 번째이자 최후의 정통 칼리프로 여기며, 시아파는 첫 번째 정통 칼리프로 간주한다. 알리가 아랍 역사에서 중요한 역할을 담당하게 된 가장 큰 이유는 예언자 무함마드와 특수한 혈연관계를 맺고 있었기 때문이다.

 알리는 600년에 메카 쿠라이시족의 하심 가문에서 태어났다. 아버지 아부 탈리브 이븐 압둘 무탈리브는 예언자 무함마드의 큰아버지였다. 혈연관계로 보면 알리는 무함마드와 사촌 형제였다. 기록에 따르면 알리의 어린 시절 이름은 사자라는 뜻을 지닌 하이다르로, 부재중이던 아버지가 돌아온 뒤에 알리로 바뀌었다고 한다. 무함마드가 어려서 부모를 여의자 큰아버지 부부는 가난한 형편에 자녀가 많았음에도 불구하고 조카 무함마드를 사랑으로 보살폈다. 훗날 이들은 모두 이슬람 신자가 되었다. 무함마드가 성년이 된 어느 해에 메카에 극심한 가뭄이 닥치자 무함마드는 작은아버지인 함자와 압바스에게 큰아버지 아부 탈리브의 아들을 한 명씩 맡아 부담을 덜어주자고 제의했다. 이때 무함마드도 한 명을 맡았는데 그 아이가 바로 알리였다.

무함마드와 아내 하디자는 알리를 친아들처럼 정성을 다해 키웠다. 무함마드와 오랜 세월을 함께 생활한 알리는 그의 영향을 많이 받았고, 열 살이 되었을 때 이슬람교를 믿기 시작했다. 이슬람교로 개종한 초기 신자인 알리는 평생 동안 무함마드의 충실한 추종자로 살았다. 그래서 수많은 이슬람교도가 알리의 신앙을 가장 순결하고 굳건하다고 간주한다. 무함마드도 "만약 하늘과 땅을 저울의 한쪽 접시에 올려놓고 다른 쪽 접시에 알리의 신앙을 올려놓는다면 알리의 신앙이 하늘과 땅보다 더 무거울 것이다"라고 말했다. 총명함과 문무를 겸비한 청년으로 자라난 알리는 무함마드의 사랑을 듬뿍 받았고, 무함마드는 딸 파티마를 그와 결혼시켰다. 그래서 이들의 관계는 한층 복잡해졌다.

배움을 게을리하지 않고 총명했던 알리는 오랫동안 예언자의 계시를 기록하는 일을 맡았다. 덕분에 그는 『꾸란』과 하디스 관련 지식에 정통해 이를 해석했을 뿐만 아니라, 『꾸란』과 하디스에 따라 이슬람의 율법체계를 정비하는 권위를 얻었다. 알리는 예언자 시대에 『꾸란』 전체를 외운 첫 번째 제자이자 최초로 『꾸란』을 책으로 엮은 인물이다. 무함마드는 "나는 지식의 도시요, 알리는 지식의 성문이다"라고 말했고, 알리의 작은아버지 압바스는 "만약 지식이 다섯 조각으로 나뉜다면, 알리가 네 조각을 갖고 다른 사람들이 나머지 한 조각을 가질 것이다. 알리가 가진 네 조각은 다른 사람들과 공유하지 않지만, 다른 사람들이 가진 한 조각은 알리가 그들과 공유한 것이다"라고 말했다. 알리는 아랍어 문법과 수사학에서도 뛰어난 재능을 보였다. 622년에 무함마드가 암살 음모를 피해 메카에서 메디나로 피신한 날 밤에는 생명의 위험을 무릅쓰고 무함마드로 분장해 그의 침대에서 잤다. 덕분에 무함마드는 무사히 메카를 탈출할 수 있었다. 여러 차례의 전쟁에서도 알리는 항상 용맹하게 싸워 큰 공을 세웠고 수차례 무함마드의 목숨을 지켰다.

알리는 전쟁터에서는 용맹스러웠지만 일상생활에서는 온화하고 선량했다. 역사기록에 따르면 알리는 평생 동안 사치를 멀리하고 자신의 두 손으로 일하며 소박한 삶을 살았다. 그래서 알리는 이슬람교도 사이에서 높은 신망을 얻었고 나아가 다른 종교를 믿는 사람들의 존경을 받았다. 서양의 어느 기독교 사상가는 알리를 "하늘에 뜬 태양처럼 사람들을 옳은 방향으로 인도했다. 알리는 선량하며 신앙이 굳건하고 사상이 심오하며 이상이 원대하고 고통을 두려워하지 않는다. 그는 인류 사회가 번영의 길로 나아가 진정한 행복을 얻는 데 가장 좋은 본보기다"라고 평가했다.

알리의 품성과 비범한 재능을 높이 평가한 무함마드는 줄곧 그를 자신의 종교사업을 이을 후계자로 생각했다. 그래서 메디나에 머물던 시절에 무함마드는 알리에게 "너는 내 형제며, 나의 후계자다"라고 말했다.

『꾸란』 『꾸란』은 이슬람교의 유일한 경전으로, 23년간 예언자 무함마드가 알라에게서 받은 계시를 모은 것이다. 꾸란은 아랍어로 '읽다', '암송하다' 또는 '읽는 것'이라는 뜻을 갖고 있다. 『꾸란』은 긴장감이 있는 열정적인 산문체로 기록되었고, 많은 각운을 달고 있다. 비교적 짧은 장에서는 간결하고 긴박한 기도 형식을 하고 있으며, 비교적 긴 장에서는 이야기조를 띤다. 문체는 힘차고, 때로는 열화와 같으며, 표현은 아주 도덕적이며 신 중심적이다. 초월적이지만, 친근하고 힘차게 신에게 복종하라는 열렬한 요구가 『꾸란』 전체에 울려 퍼지고 있다.

칼리프를 둘러싼 갈등

알리는 이슬람교와 아랍 세계의 발전을 위해 많은 공헌을 했지만, 632년에 무함마드가 죽은 뒤에 바로 예언자의 후계자인 칼리프가 되지는 못했다. 이슬람교의 초기 역사를 살펴보면 무하지룬(메카의 이주자)과 안사르(메디나의 토착민) 사이에 대립이 나타난다. 예언자 무함마드가 죽은 뒤에 한 차례의 다툼이 있었지만 마침내 안사르의 지도자였던 아부 바크르가 무함마드의 후계자인 '칼리프 라술 알라'가 되었다. 아랍 역사는 바로 이때부터 칼리프 시대로 접어들었다.

아부 바크르는 무함마드의 막역한 친구이자 이슬람교를 믿은 첫 번째 성인 남성이었다. 성공한 상인이었던 그는 죽음을 무릅쓰고 무함마드를 따랐고, 무함마드가 메카에서 메디나로 이주할 때도 곁을 지켰다. 무함마드의 첫 번째 아내 하디자가 죽은 뒤에는 딸 아이샤를 무함마드와 결혼시켰고, 무함마드의 병이 깊어지자 그를 대신해 이슬람 예배를 올리기도 했다. 지혜롭고 의지가 강하며 결단력이 있는 아부 바크르는 칼리프에 매우 적합한 인물이었다. 아부 바크르가 칼리프로 선출되었다는 소식이 전해지자 알리가 예언자 무함마드의 후계자가 되어야 한다고 생각했던 사람들은 분노했다. 그러나 당시 어수선했던 아라비아 반도의 상황을 고려해 아부 바크르를 칼리프로 인정할 수밖에 없었다.

칼리프가 된 아부 바크르는 과감하게 남부의 반란을 평정해 아라비아 반도의 통일을 유지하고, 대외 확장에 적극적으로 나섰다. 하지만 칼리프가 된 지 불과 2년 만인 634년에 예순두 살의 나이로 죽고 말았다. 아부 바크르는 병중에서도 훗날 발생할지 모르는 다툼을 염려해 이슬람교도들에게 존경받고 있던 젊은 우마르 이븐 알 카타브를 후계자로 지명했다. 칼리프를 계승한 우마르 1세는 기대를 저버리지 않고 영토 확장을 더욱 강력하게 추진하는 한편, 내정을 강화하는 데 힘썼다. 하지만 644년 11월 3일, 메디나 모스크에서 페르시아 노예가 휘두른 독이 묻은 칼에 치명적인 상처를 입었다. 죽기 전에 그는 우스만과 알리를 포함한 위원회를 조직해 칼리프를 선출하게 했다.

위원회는 격렬한 논쟁을 벌인 끝에 당시 예순여덟 살이던 우스만을 3대 칼리프로 선출했다. 우스만은 비교적 일찍 이슬람교를 믿은 메카의 귀족으로 품성이 선량하고 너그러워 무함마드의 신임을 받았다. 무함마드는 딸 루카이야를 그와 결혼시켰고, 루카이야가 죽자 무함마드는 다시 딸 움쿨툼을 시집보냈다. 칼리프 우스만은 해군을 창설해 중앙아시아와 북아프리카, 지중해에서 눈부신 승리를 거두었다. 그러나 노쇠한 우스만이 자신과 가까운 사람만 요직에 기용하는 바람에 이슬람교도 사이에 불만이 팽배했다. 결국 656년 6월, 우스만은 집에서 폭도들에게 살해당했다. 이제 드디어 알리의 시대가 되었다.

세 차례 칼리프가 선출되는 과정에서 알리는 신중한 자세를 취했다. 기록에 따르면 무함마드는 일찍이 "나를 주인(물라)으로 맞이할 이는 누구든지 알리를 자신의 주인으로 맞이하라"고 말했다고 한다. 순니파도 이 유훈을 인정하긴 했지만 그 안에 칼리프의 지위는 포함되지 않는다고 여겼다. 아부 바크르가 칼리프가 되었을 때, 알리는 자신이 무함마드의 후계자로서 손색이 없다고 생각했다. 그러나 아랍 세계의 분열을 우려해 칼리프에게 충성을 맹세했다. 그리고 "나에게는 칼리프의 지위가 대추야자 섬유로 만든 이 신발만도 못하다"라고 말했다. 아부 바크르가 임종 전에 우마르를 후계자로 지명하자, 알리는 후계자를 지정하는 것이 협상에 관한 이슬람의 원칙에 위배된다고 생각했지만 이번에도 이슬람 세계의 안정을 위해 망설이지 않고 우마르에게 충성을 맹세했다.

칼에 찔려 중태에 빠진 우마르는 알리를 비롯한 여섯 명으로 위원회를 조직해 여기서 칼리프를 선출하게 했다. 칼리프 선출을 논의하기 시작하자 분위기가 치열해지면서 점점 목소리가 높아졌고 모두 자신을 내세우기에 급급했다. 이때 알리가 격앙된 목소리로 "당초 사람들이 아부 바크르를 추대했을 때 알라께 맹세코 내가 가장 자격이 있었습니다. 그러나 나는 이슬람교도끼리 분쟁이 일어날 것을 우려해 결정을 따랐습니다. 우마르가 선출되었을 때도 알라께 맹세코 내가 가장 자격이 있었지만 이번에도 분쟁이 일어날까 우려해 결정을 따랐습니다. 여러분은 우스만을 추대하려고 하는데 이번에는 저도 따를 수 없습니다. 우마르는 나를 후보자 여섯 명에 포함시켰는데 내가 다른 사람보다 뛰어나다고 생각하지는 않지만, 다른 사람이 나보다 뛰어나다고도 생각하지 않습니다. 우리는 모두 자격이 동등합니다"라고 말했다. 그러고 나서 자신이 다른 사람보다 뛰어난 조건 서른 가지를 열거했고, 잇달아 서른 가지 질문을 내뱉었다. 그러자 다른 후보자들은 모두 말을 하지 못했다. 하지만 우스만이 3대 칼리프로 선출되었다. 알리는 결과를 받아들이기 어려웠지만 이슬람 세계의 통합을 위해 이번에도 우스만에게 충성을 맹세했다.

우스만이 집권 후기에 우마이야 가문의 사람들을 중요한 지위에 임명하고 막대한 토지와 재물을 하사하자 민중 사이에 불만이 들끓어 폭동이 일어났다. 656년에 분노한 대중이 우스만의 저택을 둘러싸자 알리는 칼리프를 다치게 하는 것은 이슬람 세계를 약화시키는 것과 같다고 강조했다. 그리고 자신의 두 아들 하산과 후사인에게 우스만을 보호하도록 했다. 그러나 폭동에 가담한 민중이 우스만 대신 알리를 칼리프로 추대하자고 주장했기 때문에 훗날 정치적 소용돌이에 휘말리고 말았다.

656년에 우스만은 결국 폭도들에게 살해당했고, 같은 해 6월 4일에 알리가 4대 칼리프로 선출되었다. 하지만 곧 알리와 대립하던 우마이야 가문이 우스만을 위해 복수한다며 반란을 일으켰다. 이슬람교도의 분열을 걱정한 알리는 협상을 통해 평화를 이끌어내려 했지만 성공을 거두지 못했다. 양측은 무력충돌을 일으켰고 이는 알리가 비극적인 결말을 맞이하는 직접적인 원인이 되었다.

알 리 의 죽 음

알리는 통일된 이슬람 세계를 지키기 위해 656년 12월 초에 직접 군대를 이끌고 반反알리 동맹군과 바스라 부근에서 혈전을 벌였다. 이 전투는 무함마드의 세 번째 부인인 아이샤가 타고 있던 낙타를 둘러싸고 벌어졌기 때문에 낙타 전투라고도 한다. 알리는 직접 깃발을 높이 들고 적진으로 뛰어들었다가 돌아와서 아들 무함마드 이븐 알 하나피야에게 깃발을 넘겨주며 "자, 이 아비처럼 적진으로 돌격하라"고 말했다고 한다. 알리와의 결전을 요구한 바스라의 지휘관은 몇 번 겨뤄보지도 못하고 알리에게 죽임을 당했다. 알리는 낙타 전투에서 승리했지만, 이 전투에서 양측을 통틀어 1만여 명이 죽는 등 이슬람 사회에 커다란 손실을 안겼다.

낙타 전투 이후 알리는 쿠파로 수도를 옮기고 각 주의 아미르에게 충성을 맹세시켰다. 그러나 시리아의 아미르 무아위야는 이를 거부하고 오히려 알리에게 우스만을 살해한 자를 내놓으라고 요구했다. 그러자 알리는

1 이슬람교의 예언자 무함마드의 사위이자 4대 칼리프인 알리 이븐 아비 탈리브의 죽음은 이슬람 역사에서 중요한 위치를 차지한다.
2 안나자프 시내 한가운데에 위치한 모스크에는 알리의 무덤이 있어 전 세계 시아파들이 성지로 숭배하고 있다.

이슬람 세계의 분열을 막기 위해 다마스쿠스로 대표단을 파견해 무아위야에게 선거 결과를 인정하고 평화협정을 체결하라고 권유했다. 그러나 무아위야는 고집스럽게 알리에게 우스만을 살해한 자를 내놓으라고 요구했고, 양측 사이에는 또다시 전쟁이 벌어졌다.

657년 7월, 알리는 직접 군대를 이끌고 진격해 유프라테스 강 오른쪽 기슭의 시핀에서 결전을 벌였다. 알리는 무아위야에게 이슬람 전사 간의 참살을 피하기 위해 두 사람 중 어느 한쪽이 죽으면 전쟁을 끝내자며 결투를 청했다. 그러나 알리에게 겁을 먹은 무아위야는 제안에 응하지 않았다. 격렬한 전투 끝에 9만 명이 넘는 병사가 목숨을 잃었고 마침내 알리의 군대가 최후의 승자가 되었다. 바로 이 결정적인 순간에 무아위야는 병사들에게 창끝에 『꾸란』을 달고 "결정은 신만이 내린다"라고 외치게 했다. 알리는 이것이 계략이라는 것을 간파했지만 협상파의 압력 때문에 문제를 평화적으로 해결하는 데 동의했다. 하지만 이 결정은 알리의 지위를 크게 약화시켰다. 알리가 협상에 동의하자 주전파가 대거 알리를 떠나 하와리즈파(이탈자를 의미—옮긴이)를 결성했다. 하와리즈파의 등장으로 알리의 세력은 심각하게 약화되었고, 반면에 무아위야는 숨을 돌릴 틈을 얻었다. 적이 늘어난 알리는 무아위야를 공격하는 데 집중하기 위해 먼저 하와리즈파를 진압하려 했다. 알리는 659년에 잠시나마 하와리즈파를 진압하기는 했으나 이는 오히려 더 큰 증오를 불러일으켰다. 하와리즈파는 주저하지 않고 암살자를 알리와 무아위야에게 보냈다.

661년 1월 24일은 이슬람 역사에서 가장 비극적인 날로 기록되었다. 이날 알리는 평소와 마찬가지로 일찍 일어나 공부를 한 뒤에 아침 예배를 올리기 위해 쿠파의 자택에서 나왔다. 바로 이때 문밖에서 기다리던 하와리즈파의 암살자 이븐 물잠이 갑작스럽게 뛰어들어 독이 묻은 칼로 알리의 가슴을 찔렀다. 암살자는 현장에서 체포되었고, 피범벅이 된 알리를 부하들이 조심스레 옮겼다. 이때 알리는 미소를 지으며 "알라께 맹세코 나는 이미 성공을 거두었다"라고 말했다. 깊은 상처를 입은 알리는 결국 이틀 뒤에 예순한 살의 나이로 세상을 떠났다. 임종 전에 그는 아들과 부하들을 축복하며 "이븐 물잠은 이미 포로가 되었으니 그를 잘 대해주어라. 내가 회복한다면 그를 용서하든지 법에 따라 처벌을 하고, 만약 내가 알라를 뵈러 간다면 법에 따라 목숨으로 대가를 치르게 하되 도에 지나쳐서도 안 되고 학대해서도 안 된다"라고 말했다. 이렇게 이슬람교의 영웅은 교파 간의 다툼에 희생양이 되어 세상을 떠나고 말았다. 그래서 이슬람교도 사이에서 알리라는 이름은 영웅의 대명사가 되었고 그의 무덤이 있는 안나자프는 시아파의 중요한 성지가 되었다.

시 아 파 의   성 립

알리의 친척과 친구들은 하와리즈파 또는 우마이야 가문의 사람들이 혹시라도 알리의 무덤을 파헤치는 일을 막기 위해 여러 곳에 묘혈을 파고 평평하게 메웠다. 그리고 큰 나무상자 두 개를 준비해 하나는 낙타를 이용해 메디나로, 다른 하나는 노새를 이용해 히라로 옮겼다. 그러나 알리의 시신은 숨을 거둔 그날 밤 생전의 유언에 따라 가족들이 안나자프에 묻었고 봉분은 남기지 않았다. 훗날 사람들은 이곳에 이맘 알리 모스크를 세웠다. 화려하고 웅장해 아랍 예술의 보물로 일컬어지는 이 모스크는 오늘날 시아파의 중요 성지로, 해마다 많은 신도들이 찾아와 참배한다.

알리는 생전에 수많은 반대 세력과 싸웠지만 그의 뛰어난 인품과 학식만큼은 인정을 받았다. 알리가 죽었다는 소식을 들은 무아위야는 알리를 위해 기도를 올리고 눈물을 흘렸다. 이 모습을 본 아내가 놀라 "어제는 알리를 저주하더니 오늘은 그가 죽었다는 소식에 기뻐하기는커녕 어째서 눈물을 흘리는 거예요?"라고 묻자, 무아위야는 "내가 우는 것은 사람들이 그의 학식과 관용, 인품을 잃었기 때문이오"라고 대답했다. 시아파는 알리를 첫 번째 이맘(이슬람교도 공동체의 우두머리. 순니파에서는 예언자 무함마드의 계승자를 지칭하는 칼리프와 동의어로, 종교적 기능이 아닌 행정적·정치적 기능을 담당했다. 시아파에서 이맘은 절대적인 영적 권위와 근본적인 중요성을 지닌다—옮긴이)으로 생각하며 그에게 무함마드와 동등한 존경을 표한다. 알리의 자손 역시 이맘 지위와 칭호를 계승했다.

알리가 하와리즈파에게 살해당한 뒤에 무아위야는 시리아에서 스스로 칼리프에 올라 다마스쿠스를 수도로 삼았다. 칼리프의 자리를 놓고 싸울 마음이 없었던 알리의 맏아들 하산은 메디나에서 은거하다가 669년에 세상을 떠났다. 680년에 무아위야가 죽자 아들 야지드가 칼리프를 계승했다. 그러나 이라크 등지의 아랍인들은 야지드가 칼리프에 오르는 것에 반대하며 하산의 동생 후사인을 칼리프로 추대했다. 양측은 다시 전쟁을 벌였고, 후사인은 쿠파로 이동하다가 야지드의 군대에게 살해당했다. 알리와 그 후손들을 지지하던 이슬람교도들은 후사인의 죽음에 크게 분노해 복수를 다짐했고, 이를 바탕으로 정식으로 시아파가 생겨났다.

이슬람 역사의 진통

이 슬 람 교 의   분 열

알리의 죽음이 초래한 직접적인 결과는 이슬람교의 분열이다. 이것은 이슬람 세계에 커다란 영향을 미쳐 1,300여 년이 지난 지금도 세계 곳곳에서 계속되고 있다. 알리의 아들 후사인이 죽은 뒤에 새로이 형성된 시아파는 독립적인 길을 걸었다. 이들은 오랜 세월 소수파이자 비집권적 위치에 머물렀으나, 이집트에서 비교적 강대했던 파티마 왕조(909~1171)를 세우기도 했다. 16세기에 이란인이 세운 사파위 왕조(1502~1736)도 시아파를 국교로 삼았다.

이슬람교 분열 초기에는 순니파와 시아파, 하와리즈파, 무르지아파의 4대 정치 분파가 등장했다. 시아는 시아트 알리(알리와 그의 후손을 따르는 사람들)를 줄인 말로 사전적으로는 분파라는 뜻을 갖고 있다. 이들은 알리와 그 후손들을 이슬람의 지도자 이맘으로 옹호한다. 하와리즈파는 이슬람교 최초의 분파로 이탈자를 의미하며 4대 칼리프 알리에게서 갈라져 나왔다. 하와리즈파는 661년에 알리를 암살했고 무아위야에게도 상처를 입혔다. 우마이야 왕조 시절에는 35차례나 무장봉기를 일으켰지만 결국 진압되었다. 무르지아파도 이슬람교 초기 분파 가운데 하나로, 칼리프 자리를 놓고 벌어진 논쟁에서 중립을 지켜 마지막 날에 알라에게 재판을 맡겨야 한다고 주장했다. 순니파는 아흘 알-순나(순나의 사람들)의 줄임말로 이슬람교의 정통파로 간주된다. 알리가 하와리즈파에게 암살당한 뒤 무아위야가 칼리프에 오르자, 이들은 선대 칼리프 네 명의 정통성은 인정하면서도 무아위야의 정통성에 대해서는 반대도, 인정도 하지 않았다. 『꾸란』을 존중하는 것 외에 하디스를 법률과 논점의 근거로 삼을 것을 강조해 무함마드의 언행을 의미하는 '순나'를 따르는 사람들, 즉 순니파로 불렸다. 이후 하와리즈파와 시아파와의 투쟁 과정에서 자신들만의 정치사상 체계를 세웠고, 무르지아파와의 오랜 논쟁 중에 차츰 교의와 철학사상을 세워 초기의 정치적 파벌을 종교 분파로 전환시켰다.

오늘날에도 많은 이슬람교 국가에서 순니파와 시아파 사이의 교의와 정치적 주장의 갈등으로 말미암은 대립이 벌어지고 있는데, 종종 대규모 무력충돌로 발전하기도 한다. 7세기 말에 시아파와 순니파가 분열한 뒤부터 양 파는 각자의 길을 걸었다. 시아파는 수적으로 열세였지만 이란을 비롯한 일부 지역에서는 꽤 커다란 세력을 형성했다. 1258년에 몽골이 압바스 왕조의 수도 바그다드를 점령하고 왕조의 마지막 칼리프를 처형하자 순니

순니파와 시아파 순니파와 시아파는 이슬람의 양대 교파로, 알라를 섬기고, 하늘의 책 『꾸란』을 믿으며, 예언자 무함마드를 존경한다는 공통점을 갖고 있다. 하지만 하디스가 다르고, 무함마드의 후계자에 대한 평가가 다르며, 성지와 기념일도 다르다. 예컨대 순니파는 이슬람교도가 유대인 또는 기독교도를 아내로 맞이하는 것을 허용하지만, 시아파는 이슬람교도와 이들과의 결혼을 금지한다.

파는 심각한 타격을 입었고, 시아파는 세력을 확장시킬 수 있는 절호의 기회를 얻었다. 이로부터 300년 후에 세워진 이란의 사파위 왕조는 시아파를 국교로 삼았다. 이란과 인접한 이라크에서도 시아파는 줄곧 강력한 세력을 형성했다. 시아파 이맘 11명 가운데 6명의 묘가 이라크에 있고, 특히 첫 번째 이맘이자 시아파의 마음속에서 무함마드에 버금가는 성인인 알리가 안나자프에 묻혔다. 그러나 이라크에서는 한 번도 시아파가 정권을 잡은 적이 없다. 16세기부터 1917년까지 이라크는 줄곧 순니파인 오스만 제국의 지배를 받았다. 1917년에 안나자프의 시아파 성직자 21명은 순니파 튀르크인들을 몰아내기 위해 영국에 이라크를 점령해달라는 내용이 담긴 편지를 썼다. 제1차 세계대전이 끝나면서 오스만 제국이 붕괴되고 영국이 이라크를 점령했지만, 아라비아 반도 출신의 순니파 하심을 옹립해 하심 왕조를 세우고 사실상 식민통치를 실시했다. 1921년부터 1958년까지 이라크에서는 총 23개의 내각이 출현했으나 이 중 시아파가 주도한 내각은 단 4개뿐이었다.

 순니파인 사담 후세인이 정권을 잡으면서 이라크의 시아파는 주도권을 완전히 상실했다. 더욱이 이란에서 이슬람 원리주의에 입각한 혁명이 발발해 반미 물결이 일자, 미국은 이라크에서 시아파를 억압하고 순니파에

이맘 이슬람교 공동체 우두머리의 호칭으로, 아랍어로 지도자 또는 모범이라는 의미를 갖고 있다. 이맘은 집단 예배 때의 지도자를 가리키는 말로도 사용되는데, 처음에는 무함마드가 하다가 나중에는 제자들이 맡았다. 이맘은 종교 지도자일 뿐만 아니라 행정과 군사 책임자이기도 했다. 순니파에서는 예언자 무함마드의 계승자를 지칭하는 칼리프와 동의어로 사용하는데, 종교적 기능이 아닌 행정적·정치적 기능을 담당했다. 시아파에서는 4대 칼리프인 알리의 자손만을 이맘으로 인정해 절대적인 영적 권위와 근본적인 중요성을 지닌 고유의 신적 성격을 부여했다. 이 밖에 교파를 불문하고 학식이 뛰어난 이슬람 학자들을 이맘이라 부르기도 한다.

힘을 실어주었다. 1980년대에 이란-이라크 전쟁이 발발하면서 이라크 시아파의 상황은 더욱 어려워졌다. 이라크 정부는 시아파가 이란에 충성하고 순니파에게 적의를 품었다며 비난했다. 당시에는 후세인이 권력을 독차지하고 있었기 때문에 시아파는 반격할 수 없었다. 1991년에 걸프 전쟁이 일어나자 시아파가 반기를 들고 일어났지만 진압되고 말았다. 걸프 전쟁이 끝날 무렵 미국은 자국의 이익을 위해 시아파를 부추겨 반후세인운동을 일으켰고, 2003년에 드디어 후세인을 권좌에서 끌어내리는 데 성공했다. 하지만 이로 말미암아 이라크에서는 시아파와 순니파의 충돌이 더욱 빈번해졌다. 이러한 불안 요인들은 이라크의 앞날을 더욱 어둡게 만들고 있다.

이 라 크 의   시 아 파

예언자 무함마드가 죽은 뒤에 이라크는 이슬람 세력의 지배를 받았고, 4대 칼리프 알리는 이라크의 쿠파를 수도로 삼았다. 이후 우마이야 왕조, 압바스 왕조, 셀주크튀르크 등이 이라크를 다스렸다. 1533년에 오스만 제국의 쉴레이만 1세가 군대를 이끌고 들어와 몽골 세력을 물리치고 장장 4세기 동안 이라크를 지배했다. 1914년에 제1차 세계대전이 발발하면서 오스만 제국이 차츰 쇠퇴하자 영국이 바그다드와 키르쿠크로 진격했다. 이 무렵 이라크에서는 민족운동의 열기가 고조되어 곳곳에서 반식민운동이 벌어졌다. 하지만 제1차 세계대전이 끝난 뒤인 1920년에 열린 산레모 회의에서 영국은 이라크의 위임통치를 승인받았다. 그러자 이라크의 이슬람교도들은 영국의 보호와 위임통치에서 벗어나 독립을 쟁취하기 위해 하나둘 들고일어났다.

1920년대에 이라크에서 발생한 반영운동 대부분을 시아파의 마르자(이맘의 권위와 지위에 버금가는 시아파의 정신적 지도자―옮긴이)가 이끌었다. 그러나 영국도 쉽사리 이라크를 포기하지 않아 1910년부터 1920년까지 활발했던 반영운동은 눈에 띄는 성과를 거두지 못했다. 게다가 1920년에 영국이 이라크에서의 군사력을 강화하면서 반영운동은 무참히 진압되었다. 영국은 순니파 인물을 내각 장관에 앉히고, 1921년에는 국민투표를 실시해 파이살 1세를 즉위시켜 이라크 국민의회에 간섭했다. 또 자선기구와 법원을 세워 자선사업과 사법에 대한 종교학자의 권리를 축소하는 대신 학교에서 비종교 과정을 늘렸고, 아랍 민주주의 사상을 대대적으로 선전했다. 이 밖에 이라크 독립의 선결 조건으로 향후 25년 동안 유효한 방위조약을 맺는 것을 내걸고 시아파의 군복무를 강요했다.

1920년에 일어난 봉기가 진압되자 시아파 종교학자들은 문화교육에 힘을 쏟아 영국에 대한 정치투쟁을 문화투쟁으로 변모시켰다. 이와 함께 이슬람교의 기반을 더욱 굳건히 다지는 데 온 힘을 기울여 식민문화의 침입을 저지했다. 하지만 시아파가 잇달아 정당을 세우기는 했지만 이라크에서 정부를 세우지는 못했다. 게다가 시아파에 막대한 영향을 끼치던 마르자 무함마드 바키르 알 하킴이 죽은 뒤에 적합한 지도자가 나타나지 않았고, 바트당이 집권하면서 시아파 정치인을 대거 축출하고 혁명인사를 제거해 커다란 손실을 입었다. 특히 8년간에 걸친 이란-이라크 전쟁 동안 후세인이 잔혹하게 시아파를 진압해 이라크에서 이슬람 부흥운동의 열기는 사그라졌다.

이란-이라크 전쟁이 끝나면서 후세인에 반대하는 시아파의 목소리가 점점 높아지자 후세인은 정권을 지키기 위해 남부의 시아파 밀집 지역에 폭격을 퍼부었다. 1991년에 걸프 전쟁이 끝나자 이라크 북부는 쿠르드족이, 남부는 시아파가 주도권을 잡아 후세인을 남북으로 공격했다. 21세기에 들어와 후세인 정권이 무너지고 미국의 영향력이 강화되면서 이라크 시아파에도 큰 변화가 일어나 다시 새로운 갈등이 생겨났다. 오늘날 이라크는 기존의 교파 간 분쟁을 여전히 해결하지 못하고 있을 뿐만 아니라, 이라크 국민과 미국 사이의 갈등도 나날이 깊어지고 있어 아직도 앞날이 불투명한 상태다.

알 사드르

 사담 후세인 정권이 무너지고 미군이 이라크에 들어오면서 이라크 시아파의 지도자이자 메흐디 민병대를 이끈 무크타다 알 사드르가 주목을 받았다. 알 사드르는 안나자프에서 매우 유력한 시아파 가문에서 태어났는데 가족들은 이라크와 이란, 레바논 등에 널리 퍼져 있다. 아버지는 시아파의 마르자였고, 작은아버지는 이라크민족화합당INA의 정신적 지도자였을 뿐만 아니라 레바논 아말운동의 창시자였다. 가문의 세력이 이토록 컸음에도 불구하고 1999년에 아버지와 두 형이 암살되자, 알 사드르는 후세인 정권이 몰락할 때까지 숨어 지내야 했다.
 2003년에 미국이 이라크 전쟁을 일으키기 전까지만 해도 알 사드르는 크게 주목받지 못했다. 그러다 미군이 이라크 깊숙이 들어오고 주둔 기간이 길어지면서 그의 영향력은 점점 확대되었다. 역사적으로 알 사드르 가문은 일관되게 어떠한 세속 정권에도 반대하고 정교합일의 국가를 세우려 했다. 후세인 정권이 몰락하자 알 사드르는 이라크에 이슬람 정권을 세워

1 시아파는 안나자프를 중심으로 오랫동안 이라크의 순니파 통치자들에게 저항했다. 20세기에는 이러한 저항이 이라크 순니파 정부와 이란의 시아파 정부 사이에 긴장 상태를 불러일으키는 원인이 되었다.
2 시아파의 젊은 지도자 무크타다 알 사드르는 사담 후세인 정권 몰락 후 메흐디 민병대를 조직하고 순니파와 손잡아 미국에 거세게 저항했다.
3 미국과의 격렬한 충돌 속에서 안나자프는 만신창이가 되고 말았다.

야 함을 재차 천명하고 종교와 정치, 사회적 의무를 하나로 녹여 국민이 더 많은 자결권을 가져야 한다고 주장했다. 이러한 주장이 서민들의 열렬한 환영을 받아 알 사드르는 바그다드와 이라크 남부 지역에서 수많은 지지자를 거느린 종교 지도자가 되었다. 후세인 정권이 몰락하자 그는 이라크 최대의 시아파 밀집 지역인 바그다드 북쪽 교외의 사담 시를 알 사드르 시로 이름을 바꾸고 이곳에서 신속하게 세력을 키웠다.

2003년 7월 말에 알 사드르는 시아파의 성지 안나자프에서 만 명으로 구성된 메흐디 민병대를 조직하고, 이라크인들에게 무기를 들고 연합군이 구성한 이라크 정권에 반대하고 미군을 몰아낼 것을 호소했다. 메흐디 민병대는 여러 차례 이라크에 주둔하고 있던 연합군과 충돌을 일으켰고, 알 사드르 시에서 미군과 교전을 벌이기도 했다. 2003년 10월에 알 사드르는 새로운 내각 조직을 선언하고 자신을 수반으로 하는 정부를 세워 공개적으로 미국과 임시 관리위원회와 대립했다. 2004년 3월 26일, 알 사드르는 안나자프에서 이스라엘이 하마스HAMAS(팔레스타인 점령지를 중심으로 반이스라엘 투쟁을 전개하는 이슬람 원리주의 조직—옮긴이)의 정신적 지도자 아메드 야신을 암살한 것을 이슬람에 대한 범죄행위로 규정하고, 9·11 테러를 알라의 기적이라 했다.

순니파는 줄곧 후세인을 중심으로 이라크 인구의 대다수를 차지하는 시아파와 대립했지만 미군이 이라크를 점령하자 시아파와 손잡고 공동의 적을 향해 투쟁을 시작했다. 이는 이라크 근세 역사상 처음 있는 일이었다. 그러자 미군은 알 사드르가 유혈충돌을 계획·실시했다고 비난하고 메흐디 민병대를 불법 조직으로 선언했다. 미국은 수차례에 걸쳐 반드시 알 사드르를 암살 또는 체포하고 메흐디 민병대를 해산시키겠다고 밝혔다. 미군은 2003년 8월 초에 알 사드르의 거주지를 포위하고 메흐디 민병대와 교전을 벌였다. 13일 새벽에 알 사드르는 미군의 군사행동으로 부상을 입었지만 여전히 이라크 임시 정부의 실각을 요구하며 안나자프에서 전투를 계속하겠다고 밝혔다. 다행히 2004년 6월에 알 사드르와 미국은 여러 차례의 협상 끝에 알 사드르가 이라크 정부를 인정하고 메흐디 민병대를 해산시키는 데 합의했다. 이후 알 사드르계 인사들이 이라크 정부에 깊숙이 관여했다. 하지만 2007년 4월 19일에 알 사드르는 소속 장관 여섯 명이 공동 사임하는 대가로 미군의 철군 일정표를 요구했다.

8장 | 동양의 베니스 바스라

티그리스 강과 유프라테스 강이 메소포타미아에 주는 마지막 선물이라고 할 수 있는 바스라는 오늘날 이라크 제2의 도시이자 최대 항구도시로 샤트알아랍 강의 서쪽 기슭에 있다. 오랜 역사를 자랑하는 바스라는 2대 칼리프인 우마르 1세가 처음 건설해 9세기까지 압바스 왕조의 무역과 종교, 학술, 문화의 중심지 역할을 했다. 바로 이곳에서 무타질라파와 초기 이슬람 신비주의인 수피즘이 탄생했고 하디스학, 교의학, 언어학, 문학에서 바스라학파를 형성해 아랍 세계에 커다란 영향을 미쳤다. 그림처럼 아름다운 풍경과 수로와 운하가 얼기설기 얽혀 있는 모습 때문에 동양의 베니스라는 별명을 얻기도 했다. 신드바드 이야기의 주인공인 뱃사람 신드바드가 일곱 번의 항해를 시작한 곳으로도 유명하다.

바스라는 티그리스 강과 유프라테스 강이 걸프 지역과 만나는 곳에 위치한 오랜 역사를 간직한 항구다.

이라크 동남부에 이르러 다시 가까워진 유프라테스 강과 티그리스 강은 마침내 한 줄기가 되어 바로 이곳에서 샤트알아랍 강을 형성해 걸프 지역으로 흘러간다. 이라크 제2의 도시이자 최대 항구도시인 바스라는 바로 샤트알아랍 강의 서쪽 기슭에 있다. 바스라는 티그리스 강과 유프라테스 강이 메소포타미아에 주는 마지막 선물이라 할 수 있다. 오랜 역사를 자랑하는 바스라는 636년에 건설되어 9세기까지 압바스 왕조의 무역과 종교, 학술, 문화의 중심지 역할을 했다. 그림처럼 아름다운 경치와 수로와 운하가 얼기설기 얽혀 있는 모습 때문에 동양의 베니스라는 별명을 얻기도 했다.

걸프 지역과 120킬로미터 떨어진 바스라 항은 세계에서 가장 오래된 항구로 걸프 지역과 내륙의 하천을 잇는 허브 역할을 한다. 제2차 세계대전 당시에 연합군은 바스라를 통해 소련으로 군수물자를 보냈고, 전쟁이 끝난 뒤에는 이라크의 석유산업이 급속하게 발전하고 인근 지역에서 유전이 발견되면서 차츰 이라크의 석유화학공업 기지이자 석유 수출의 중심지가 되었다. 아울러 바스라 항구도 걸프 지역에서 손꼽히는 현대적 항구로 탈바꿈했다.

하지만 이란-이라크 전쟁과 걸프 전쟁의 발발로 바스라는 항구시설이 폐쇄되고 정유시설과 시내의 주요 건물이 파괴되는 심각한 피해를 입었다. 미국과 영국, 프랑스는 쿠르드족 보호를 명분으로 1991년 4월에 이라크 북위 36도선 이북 지역을 비행금지구역으로 설정했다. 1992년 8월에 이라크가 남부의 시아파에 보복을 가하자 다시 북위 32도선 이하 쿠웨이트와 사우디아라비아, 요르단 접경 지역을 남부 비행금지구역으로 설정했고, 1996년 9월에 북위 33도선 이하로 확대했다. 바스라도 여기에 포함되었다. 이후 십여 년 동안 미국과 영국은 대량 살상무기를 제거한다는 명목으로 이라크의 군사시설과 민간시설을 폭격했다. 이때 바스라는 주요 공격 목표가 되었다. 그 결과 바스라의 경제는 무너졌고 수돗물 공급조차 이루어지지 않아 과거 동양의 베니스라 불리던 모습은 흔적도 없이 사라지고 말았다.

이슬람의 도시

칼리프 우마르 1세

바스라는 초기에 군영으로 발전했는데, 2대 칼리프인 우마르 1세가 건설했다. 무함마드의 죽음 뒤에 아라비아 반도에는 이슬람교를 믿는 정교합일의 통일된 아랍 국가가 등장했다. 이들은 정복사업을 시작해 서아시아와 북아프리카, 중앙아시아, 에스파냐 등의 넓은 영토를 점령해 아시아, 아프리카, 유럽 세 대륙을 호령하는 제국을 형성했다. 정치와 종교의 대권을 함께 손에 쥔 제국의 통치자는 '신의 사자(使者)의 후계자'라는 뜻을 지닌 칼리프로 불렸다.

 1대 칼리프 아부 바크르(재위 632~634)는 비잔틴 제국의 통치를 받던 시리아와 팔레스타인, 이집트를 정복하고, 걸프 지역에서 카프카스, 이라크에서 페르시아에 이르는 넓은 지역을 점령해 아랍 제국의 토대를 마련했다. 2대 칼리프 우마르 1세의 원래 이름은 우마르 이븐 하타브로 메카의 쿠라이시족 하심 가문 출신이다. 그는 키가 크고 체격이 건장했으며 용감하고 일처리가 과감했다.

처음에 우마르는 무함마드와 이슬람교에 반대했고 심지어 무함마드를 살해하려 했다. 618년에 누나 파티마와 제부 사이드가 이슬람교로 개종했다는 소식을 듣고 매우 화가 난 그는 한달음에 누나 집으로 뛰어갔다. 좋은 교육을 받고 아랍어에 정통했던 우마르는 누나의 설득으로 아름다운 언어로 서술된 『꾸란』을 읽고 감동을 받았다. 『꾸란』이 느끼게 해준 영혼의 떨림을 가슴에 새긴 우마르는 이슬람교도에 대한 메카 쿠라이시족의 잔혹한 박해에도 굴하지 않고 자신이 이슬람교도임을 공개적으로 선언했고 누구보다 열심히 이슬람교를 믿었다. 우마르의 귀의는 이슬람교의 발전에 커다란 영향을 미쳤다. 당시 박해를 피해 아비시니아(에티오피아의 옛 이름—옮긴이)로 이주했던 많은 신도들이 우마르가 이슬람교에 귀의했다는 소식을 듣고 메카로 돌아왔고, 많은 사람들이 우마르를 따라 이슬람교를 믿었다.

이슬람교도가 된 우마르는 딸 하프사를 무함마드에게 시집보냈고, 무함마드와 함께 히즈라와 한다크(도랑) 전쟁 같은 위기를 견뎌냈다. 그래서 1대 칼리프인 아부 바크르와 함께 예언자의 오른팔과 왼팔로 불렸다. 632년에 무함마드가 후계자를 정하지 않고 죽자, 우마르는 하심 가문 출신인

한다크 전쟁(627)   메디나로 이주한 이슬람교도가 쿠라이시족과 벌인 전투로, 무함마드가 페르시아인 사르만의 건의를 받아들여 도시 주위에 큰 도랑(한다크)을 파서 방어에 성공했기 때문에 한다크 전쟁이라고 부른다. 627년 겨울에 유목민과 유대인과 연합한 메카인들이 약 1만 명에 이르는 동맹군을 구성해 메디나로 진격했다. 양측이 40일 동안 대치하면서 메카 동맹군은 보급 곤란과 내부 분쟁으로 와해되었고 엎친 데 덮친 격으로 강한 폭풍이 불어 천막이 날아가고 솥과 부뚜막이 뒤엎어지면서 싸우지도 못한 채 무너지고 말았다. 이 전투의 승리는 이슬람 세력이 방어에서 공격으로 전략을 수정하는 전환점이 되었다.

바스라의 토대를 다진 1대 칼리프 우마르 1세의 무덤이다.

 아부 바크르가 안사르와 알리파, 우마이야파 등의 도전을 물리치고 순조롭게 1대 칼리프가 될 수 있도록 도왔다. 아부 바크르는 훌륭한 지도자였지만 아쉽게도 일찍 죽었는데, 임종 시에 후계자로 우마르를 지명했다. 634년에 우마르는 순조롭게 2대 칼리프에 올랐다. 칼리프가 된 우마르 1세는 아랍 역사상 전례가 없는 대규모 정복운동을 일으켰다.

 635년에 아랍군은 두 갈래로 나뉘어 비잔틴 제국과 페르시아에 전면적인 공세를 퍼부었다. 동쪽으로 진격한 아랍군은 '신께서 뽑아든 칼'이라 불리던 할리드 이븐 알 왈리드가 이끌었다. 이들은 인적이 드문 시리아 사막을 재빨리 통과해 야르무크 강변에서 비잔틴의 5만 대군을 섬멸하고 시리아의 수도 다마스쿠스를 점령해 아랍인들의 영토 확장 욕망에 불을 붙였다. 승세를 몰아 아랍인들은 637년 카디시야 전투에서 페르시아 군대를 무찌르고 이라크를 점령했고, 이란 고원으로 들어가 페르시아의 중심에 이르렀다. 643년에 벌어진 나하반드 전투에서는 페르시아의 마지막 주력부대를 섬멸해 1,200여 년 동안 문명을 발전시킨 페르시아를 멸망시켰다.

아므르 이븐 알 아스가 이끌고 서쪽으로 진격했던 부대도 640년에 비잔틴 제국에 속했던 이집트를 함락하고, 641년에는 알렉산드리아를, 642년에는 카이로를 점령했다. 마지막으로 이집트에 있던 비잔틴 제국의 곡식 창고를 칼리프의 소유로 만들었다.

우마르 1세가 이처럼 빛나는 성공을 거둘 수 있었던 이유로 당시 비잔틴 제국과 페르시아가 쇠퇴하고 있었다는 사실을 들 수 있지만, 무엇보다 종교가 중요한 역할을 했다. 우마르 1세는 알라를 위해 전사한 사람은 천국에 갈 수 있다는 말로 신도들의 참전을 이끌었고, 풍성한 전리품으로 아랍 전사들의 참전 욕망을 부추겼다. 통일된 신앙으로 조직된 아랍인들은 전투에서 사나운 호랑이처럼 앞으로 전진했다.

우마르 1세는 정복지의 백성에게 종교적 관용을 베풀어 지지를 이끌어냈기 때문에 '아미르 알 무미닌'(충성스런 신도들의 사령관)으로 불렸다. 그리고 정복지를 엄격히 관리하고 새로운 관리제도를 수립했다. 특히 군대를 반드시 도시에서 멀리 떨어진 곳에 주둔시켜 아랍인의 전투력을 유지하는 것을 중요하게 여겼다. 그래서 이라크의 쿠파와 바스라, 이집트의 푸스타트(지금의 카이로 일부) 같은 도시들은 모두 초기에 군대 주둔지로 발전했다. 이러한 조치는 칼리프의 지배력을 강화하고 이슬람교를 널리 퍼뜨리는 동시에 서아시아와 북아프리카 지역을 이슬람 세계로 끌어들이는 데 기여했다.

이슬람 문화의 중심

이슬람 문화에서 바스라는 수많은 철학자를 배출하고 도시 전체에 문화를 숭상하는 풍조가 널리 퍼져 있기 때문에 매우 중요하다. 무타질라파와 초기 이슬람 신비주의인 수피즘이 모두 이곳에서 탄생했다. 또 이슬람 교의학자 알 하산 알 바스리와 문학가 이븐 알 무카파, 알 자히즈 등이 이곳에서 학술 연구와 저술에 몰두했고, 하디스학, 교의학, 언어학, 문학에서 바스라학파를 형성해 아랍 세계에 커다란 영향을 미쳤다. 10세기에 활동한 종교철학 단체인 순수한 형제들도 바스라에서 탄생했다.

무타질라파

8세기 전반에 바스라에서 성립한 무타질라파는 '뒤로 물러난 사람들' 또는 '떨어져 나온 사람들'이라는 뜻을 갖고 있다. 처음에는 이슬람교 초기의 파벌 다툼에서 중립적인 입장을 취한 사람들을 무타질라파로 불렀다. 창시자는 알 하산 알 바스리의 제자인 와실 이븐 아타다. 알 하산은 중죄인도 이슬람교 신자라고 생각했지만, 와실은 중죄인은 신자도, 비신자도 아닌 중간적 위치에 존재한다고 생각했다. 스승과 의견 차이가 생기자 와실은 알 하산 일파에서 떨어져 나와 새로운 학파를 세웠다.

 무타질라파는 이슬람 정통파와는 다른 독특한 세 가지 교의를 탄생시켰다. 첫째, 무타질라파는 알라의 절대 유일성(타우히드)을 강조했다. 알라가 인간의 속성을 갖고 있다는 것을 부정하고, 알라의 본질은 인간의 지식을 초월할 뿐만 아니라 피조물과의 비교를 거부한다고 생각했다. 둘째, 무타

하디스학 하디스의 전달 과정과 내용을 연구하는 학문을 말한다. 초기 하디스의 대부분은 신학자나 법학자가 자신의 견해를 하디스에 가탁한 것이었다. 8세기 중엽 이후 학자들 사이에서 비판이 일어나 진짜 하디스와 가짜 하디스를 구별하기 시작했는데, 이것이 하디스학의 시초다. 하디스 비판은 내용과 전승자의 계보를 기록한 이스나드, 두 방향에서 이루어졌다. 이후 하디스는 신뢰성을 높이기 위해 반드시 전승자를 명기하고 있다.

무타질라파는 알라만이 창조되지 않은 유일한 절대자로, 『꾸란』도 신이 만든 것에 불과하다고 여겼다. 사진은 아랍어로 쓴 이슬람교 경전 『꾸란』의 한 페이지다.

질라파는 알라만이 창조되지 않은 유일한 절대자로, 『꾸란』도 신이 창조한 것에 불과하다고 여겼다. 이것은 알라의 말씀을 알라의 여러 속성 가운데 하나라 여기고 『꾸란』이 창조된 것이 아니라고 주장하는 이슬람 정통 교의학자들의 주장과 정면으로 대치된다. 셋째, 무타질라파는 알라가 이미 사람의 행위를 정해놓았다는 주장에 반대했다. 즉 사람은 무한한 자유의지로 스스로의 행위를 선택하고, 알라는 오직 인간 행위의 선악에 따라 상과 벌을 정할 뿐이라는 것이다. 무타질라파는 이로써 알라가 정의로운 분이라는 사실이 증명된다고 여겼다.

무타질라파의 발전은 우마이야 왕조와 압바스 왕조 시기로 나눌 수 있다. 우마이야 왕조 시기에는 무타질라파가 아부 바크르와 우마르 1세, 우스만, 알리 등을 거리낌 없이 비판했기 때문에 왕실의 보호를 받으며 나날이 세력을 키웠다. 그러나 우마이야 왕조의 칼리프들은 차츰 무타질라파가 강조하는 자유의지가 자신들에게 불리하다는 사실을 깨달았다. 게다가 이슬람교 초기의 칼리프 선거제도를 회복해야 한다는 무타질라파의 주장은 우마이야 왕조의 칼리프 세습제도와 상충했다. 때마침 새롭게 일어난 압바스 왕조가 무타질라파의 자유의지 학설을 이용해 우마이야 왕조를 무너뜨리려 하자 우마이야 왕조는 무타질라파를 경계하기 시작했다.

압바스 왕조의 칼리프 알 마문과 알 무타심은 무타질라파의 『꾸란』 창조설을 지지해 전국의 종교법관 가운데 『꾸란』 창조설에 동의하지 않는 자는 모두 사임시켰다. 그래서 이 시기에 무타질라파는 또다시 전성기를 맞이했다. 하지만 압바스 왕조에 저항하는 봉기가 끊임없이 일어나자, 압바스 왕조의 칼리프들은 그제야 자유의지 사상이 위협이 된다는 사실을 깨닫고 이슬람 정통학자와 봉건영주와 연합해 무타질라파 사상에 제재를 가하기 시작했다. 칼리프 알 무타와킬이 재위 2년째에 무타질라파를 불법으로 선포한 이후 12세기를 전후로 무타질라파는 완전히 사라졌지만, 이들의 학설은 여러 이슬람 국가에 전해져 일부 신도들에게 숭상되었다.

신비주의 수피즘

우마이야 왕조 시기에 이슬람교가 기독교를 비롯한 동양의 여러 종교와 직접 교류를 시작하면서 이슬람교에서도 신비주의운동이 일어났다. 외래 종교의 영향을 받기는 했지만 이 운동은 순수하게 이슬람 전통 사회의 틀 안에서 발전하기 시작했다. 이 운동을 수피즘이라 하고 신도들을 수피파라고 부르는데, 수피는 양털이라는 뜻의 아랍어 '수프'에서 유래했다. 이슬람교 성립 초기에 금욕주의자들이 내적 수행을 위해 금욕과 청빈을 상징하는 하얀 양털로 짠 옷을 입었는데, 나중에 이런 옷차림이 차츰 이들의 독특한 생활양식의 상징이 되면서 초기 이슬람 금욕주의자들을 수피파라고 불렀다. 이슬람의 금욕주의가 신비주의로 대체되면서 이 이름은 여러 단계의 개인적 체험으로 알라의 실체를 인식하는 사람을 가리켰다. 『꾸란』 자체의 신비성과 경문의 은유는 수피즘 사상의 형성과 발전을 이끈 중요한 요소였다. 신플라톤학파의 주장과 페르시아·인도·중앙아시아·중국의 사상, 풍속, 생활양식이 모두 수피즘의 발전에 중요한 영향을 끼쳤다.

9세기에 이르러 수피즘은 차츰 개인의 신앙체험에 집중하고 내면과 정신의 승화를 추구하는 실천적인 학설이 되었다. 이들은 직관과 종교적 열정으로 샤리아, 즉 전통적인 성법聖法이 제시하는 것과는 다른 길(타리카)과 진리(하키카, 진실이라는 뜻도 갖고 있음)를 주장했다. 전통적인 이슬람교도는 알라가 세상의 주인이며, 알라의 본질과 속성은 유일하고, 알라는 우주 만물을 다스리며 그가 창조한 사물은 특별하다고 생각했다. 그러나 수피즘은 이러한 전통적인 틀에서 벗어나 현실적인 방법을 통해 신과의 합일을 모색했다. 이에 따라 알라와 신자의 관계가 신자의 경외와 순종을 강조하던 것에서 알라에 대한 사랑, 즉 알라에게 좀 더 가까이 다가가는 것으로 바뀌었다.

사람과 만물은 모두 알라에게서 기원하며, 알라가 모든 것이므로 알라가 없으면 사물도 존재할 수 없다. 인간은 창조주에게서 독립하려는 생각을 버리고 신비적 직관인 영지靈智를 거쳐 마지막으로 자기 소멸(파나), 즉 신과의 합일에 도달하기 위해 노력해야 한다. 신도들은 개인의 체험을 통해 하나하나의 상승 단계(마깜)를 거치며 발전하고 끝내는 자기 소멸에 이르러 완벽한 사람이 된다. 순례를 통해 자기 소멸에 도달했을 때 인간은 알라에게로 돌아가는 길을 인식하고 가까이 갈 수 있다. 이는 알라와 피조물 사이의 거리를 강조하며 막연한 경외심을 느끼라고 주장하던 전통적인 관념과는 근본적으로 다르다. 신과의 합일에 이르려면 반드시 스승, 즉 셰이크가 필요하며 타리카라고 하는 오랜 기간의 수행을 거쳐야 한다. 수피들은 타리카 위에서 영적 상승 단계인 마캄과 다양한 영적 심리 상태인 할을 거쳐야만 진실, 즉 하키카를 얻을 수 있다.

수피즘이 발전하면서 극단적인 사상이 등장했는데, 예컨대 페르시아의 알 하라지(857~922)는 자신이 이미 신과의 합일에 도달했다고 선언하며 공공장소에서 "나는 진리다"(진리는 알라의 99개 이름 가운데 하나—옮긴이)라고 외쳤다가 신성모독죄로 십자가 형틀에 매달려 처형되었다. 그러나 알 하라지의 죽음은 오히려 수피즘을 더욱 유행시키는 기폭제가 되었다. 11세기 이후 이슬람교의 권위자 알가잘리(1058~1111)가 수피즘의 극단적인 성향을 제거하고 이슬람 정통 순니파의 신학에 접목시켰다.

신드바드 이야기

『천일야화』를 읽어본 사람이라면 누구나 뱃사람 신드바드라는 주인공에게 매력을 느낄 것이다. 신드바드는 하룬 알 라시드 칼리프 시기에 일곱 번이나 먼 항해를 떠난 인물로, 망망대해에서 수많은 모험을 겪었다. 고래 섬, 전설적인 괴조怪鳥 로크의 알, 다이아몬드 계곡, 원숭이 인간들의 섬, 거인, 구렁이, 해적, 코끼리 무덤 등 뱃사람 신드바드의 다채로운 이야기들은 독자들을 매료시킨다. 오늘날 사람들은 신드바드가 항해를 시작한 곳이 티그리스 강과 유프라테스 강이 바다로 흘러들어가는 바스라일 거라고 추측하고 있다.

칼리프 하룬 알 라시드 시절, 바그다드에 신드바드라는 가난한 짐꾼이 있었다. 몹시 무덥던 어느 날 무거운 짐 때문에 온몸이 흠뻑 젖은 채 가쁜 숨을 몰아쉬던 신드바드는 어느 부유한 상인의 집 대문 앞의 돌계단에서 잠시 쉬기 위해 발걸음을 멈췄다. 그가 막 자리에 앉았을 때 집안에서 좋은 냄새와 함께 비파를 비롯한 각종 악기의 가락과 사람들의 노랫소리가 어우러져 들려왔다. 신드바드는 호기심을 참지 못하고 안을 들여다보았다. 마당에는 호화롭고 드넓은 정원이 펼쳐져 있었고 마치 황제의 궁전처럼 안채에는 시종과 하인, 노예 들이 늘어서 있었다. 짐꾼 신드바드는 인간의 부와 빈곤은 모두 알라가 안배한 것이라는 생각에 탄식을 금치 못했다. 신드바드가 짐을 이고 일어서려는데 집주인이 갑자기 그를 안으로 초대했다. 맛있는 음식을 배불리 먹고 난 두 사람은 서로 이름이 똑같다는 사실을 알게 되었다. 다른 점이 있다면 집주인은 뱃사람이었다. 짐꾼 신드바드의 신세 한탄을 들은 뱃사람 신드바드는 자신의 신기한 모험담을 들려주었다.

부유한 상인의 아들로 태어난 뱃사람 신드바드는 아버지가 돌아가시면서 남겨준 막대한 유산을 흥청망청 써버려 빈털터리가 되고 말았다. 그러자 뱃사람 신드바드는 전 재산을 팔아 여비 3,000디르함을 마련해 자신의 운을 시험해보기로 결심했다.

바스라에서 상인 일행을 따라 배를 타고 바다로 나간 신드바드는 며칠 밤낮을 항해한 끝에 아름다운 섬에 도착했다. 선장이 해안가에 배를 대자 사람들은 하나둘씩 내려 섬의 경치를 즐겼다. 그런데 놀랍게도 섬은 바다 한복판에 떠 있는 거대한 물고기였다! 물고기 등에 모래가 쌓이고 그 위에 풀이 자라 마치 섬처럼 보인 것이었다. 모두 허둥지둥 배에 올랐지만 미처 타지 못한 신드바드는 떠다니는 나무통을 발견하고 그 위에 올라탔다. 이리저리 파도에 떠다니던 나무통은 신드바드를 어느 황량한 섬으로 데려갔다. 신드바드는 섬을 다스리는 왕에게 자신의 모험담을 들려주었고, 신드바드의 이야기를 듣고 감탄한 왕은 그를 항구를 드나드는 선박을 감시하는 직위에 임명했다. 우연히 자신이 탔던 배의 선장을 만나 고스란히 보관된 화물을 돌려받은 뱃사람 신드바드는 짐 중에서 가장 값비싼 것을 왕에게 선물했다. 왕은 무척 기뻐하며 답례로 엄청난 선물을 주었다. 뱃사람 신드바드는 화물을 팔아 큰돈을 벌었고 이 돈으로 섬의 특산물을 구입했다. 왕에게 작별을 고하고 섬을 떠난 신드바드는 밤낮으로 항해한 끝에 안전하게 바스라에 도착했다. 뱃사람 신드바드는 고향 바그다드로 돌아와 섬에서 가져온 물건들을 팔아 커다란 부자가 되었다.

어느 날 뱃사람 신드바드는 다시 여행을 떠나고 싶어 바스라에서 배에 올랐다. 항해 중에 그는 푸르른 숲과 헤아릴 수 없을 정도로 많은 진귀한 과일, 오색찬란한 꽃, 바닥이 보일 만큼 투명한 시냇물이 있는 아름다운 작은 섬에 도착했다. 그런데 사람은 그림자도 찾아볼 수 없었다. 일행은 해안가에 배를 대고는 한데 모여 섬을 구경하며 알라가 창조한 세계의 위대함과 오묘함에 감탄했다.

뱃사람 신드바드는 홀로 대자연의 품 안에서 거닐다가 자신도 모르게 깊은 잠에 빠지고 말았고 한참 후에 깨어나 보니 배는 이미 떠나고 없었다. 뱃사람 신드바드는 절망과 두려움에 빠져 정처없이 거닐었다. 그러다 둥근 하얀색 지붕을 가진 건물을 발견했는데 표면은 매끄럽고 반들반들한데 문을 찾을 수가 없었다. 갑자기 거대한 새가 날아오자 그제야 뱃사람 신드바드는 이 새가 바로 코끼리를 잡아 새끼에게 먹인다는 로크 새라는 것과 흰색 지붕을 가진 건물이 바로 로크 새의 알이라는 사실을 깨달았다. 뱃사람 신드바드는 기지를 발휘해 머리에 쓴 두건을 풀어 비비 꼬아 밧줄을 만들어 허리에 감은 다음 가까이 다가온 로크 새의 다리에 꽉 묶었다. 로크 새는 날아올랐다가 산꼭대기에 내려앉았다.

발밑은 까마득히 깊은 골짜기였고 주위는 꼭대기가 보이지 않을 만큼 높이 솟은 낭떠러지였다. 뱃사람 신드바드는 간신히 용기를 내어 로크 새와 자신을 묶은 줄을 풀고 골짜기를 따라 내려갔다. 골짜기 곳곳에는 커다란 다이아몬드가 널려 있었고, 커다란 구렁이들이 득실거렸다. 심장 떨리는 밤이 더디게 지나가고, 이튿날이 되자 갑자기 하늘에서 짐승의 시체가 떨어졌다. 그 순간 뱃사람 신드바드의 머릿속에 어디선가 들은 이야기가 생각났다. 다이아몬드가 가득한 이 골짜기는 너무 깊어 사람이 들어가기 힘들기 때문에 보석상들은 고깃덩어리를 산골짜기로 던져 다이아몬드 위에 떨어뜨린 뒤에, 고기 냄새를 맡은 독수리가 고깃덩어리를 움켜쥐고 둥지로 돌아올 때 근처에서 기다리고 있다가 고함을 질러 독수리를 쫓아낸다. 고깃덩어리에 붙은 다이아몬드를 떼어낸 보석상들은 고기를 다시 독수리에게 던져준다는 것이다.

뱃사람 신드바드는 우선 주머니와 신발에 다이아몬드를 잔뜩 넣은 다음에 두건 밧줄로 고깃덩어리와 자신을 단단히 잡아매고 그 밑에 몸을 숨겼다. 얼마 지나지 않아 독수리 한 마리가 고깃덩어리를 낚아채 하늘 높이 날아올랐다가 산꼭대기에 내려앉았다. 독수리가 고깃덩어리를 먹으려는 순간 정말로 고함소리와 나무 두드리는 소리가 들렸고 독수리는 깜짝 놀라 날아갔다. 뱃사람 신드바드는 온몸에 피를 뒤집어쓴 채 고깃덩어리 밑에서 기어 나왔다. 뱃사람 신드바드는 상인들에게 다이아몬드의 일부를 나누어 준 뒤에 구렁이가 득실대는 산골짜기를 떠났다.

그 후 뱃사람 신드바드는 이 도시 저 도시를 여행하며 다이아몬드를 팔아

『천일야화』에 등장하는 뱃사람 신드바드 이야기는
아랍 세계뿐만 아니라 전 세계적으로 매우 유명하다.

여러 특산물을 사 다른 지방에서 비싸게 파는 방법으로 많은 돈을 벌었다. 마침내 여기저기 떠돌아다니는 여행을 끝내고 바스라에서 다이아몬드와 돈, 화물을 가득 싣고 고향 바그다드로 돌아와 예전과 같은 편안한 삶을 즐겼다.

한가로운 나날에 또 지루함을 느낀 뱃사람 신드바드는 다시 바스라에서 배를 타고 항해를 시작했다. 여러 도시와 섬을 여행하던 어느 날, 풍랑에 배가 항로를 벗어나 키가 작고 몸 전체가 긴 털로 뒤덮인 흉악한 원숭이 인간들이 사는 섬 근처에 도착했다. 순식간에 원숭이 인간들이 몰려들어 배 안을 닥치는 대로 약탈하고 밧줄이란 밧줄은 모조리 물어뜯어 돛을 망가뜨렸다. 그 바람에 뱃사람 신드바드 일행은 무인도에서 발이 묶여 나무열매를 먹고 개울물을 마시며 목숨을 연명해야 했다.

얼마 후 누군가가 성채를 발견했다. 흑단으로 만든 대문을 열고 들어가자 거실에는 거대한 탁자가 놓여 있었고, 화로에는 요리도구가 달려 있었으며, 주위에는 온통 사람 뼈가 널려 있었다. 그런데 사람은 그림자도 보이지 않았다. 피곤에 지친 뱃사람 신드바드 일행은 이것저것 생각해볼 겨를도 없이 모두 곯아떨어졌다. 어느 순간 갑자기 무시무시한 굉음이 들려와 모두 잠에서 깨어났다. 땅이 요동을 치더니 성 꼭대기에서 거대한 괴물이 내려왔다. 시커먼 피부에 두 눈은 이글거렸고, 긴 입술은 가슴까지 축 늘어지고, 떡 벌린 입은 우물 입구만큼 컸으며, 부채 같은 두 귀는 어깨 위에서 흔들거리고, 발톱은 뾰족하고 길었다. 흉측한 괴물을 본 일행은 혼비백산했다. 괴물은 무리 가운데서 가장 건장해 보이는 선장을 골라 그의 몸을 두 동강 내고 커다란 석쇠에 시체를 꿰어 활활 타오르는 불에 구웠다. 살이 다 익자 괴물은 마치 통닭을 먹듯이 고기를 찢어 먹었다. 배가 부른 괴물은 의자에 드러누워 드르렁 코를 골며 깊은 잠에 빠져들었다. 다음날 아침이 되자 괴물은 어디론가 훌쩍 가버렸다.

  사람들은 겁에 질려 섬을 샅샅이 뒤졌지만 몸을 숨길 곳이나 도망갈 길을 찾지 못해 공포에 떨며 다시 성채로 돌아왔다. 저녁이 되자 전날과 같은 무시무시한 상황이 벌어졌다. 다음날 사람들은 마냥 손 놓고 괴물에게 잡아먹힐 날만 기다릴 수는 없으니 힘을 모아 뗏목을 만들어 저녁에 괴물을 죽인 뒤에 도망가기로 의견을 모았다. 어둠이 내리고 괴물이 돌아오자 사람들은 쇠꼬챙이로 괴물의 눈을 찔렀다. 괴물은 참을 수 없는 고통에 미친 듯이 비명을 지르며 문 밖으로 달려나갔다. 잠시 한숨을 돌리는 사이에 도망갔던 괴물이 자신보다 더 크고 흉측하게 생긴 괴물 둘을 데리고 돌아왔다. 사람들은 정신없이 서둘러 해변으로 달려가 뗏목에 올라탔지만, 괴물들은 돌을 던지며 쫓아왔다. 결국 뗏목이 돌에 맞아 가라앉았고 사람들은 물에 빠져 죽거나 돌에 맞아 죽었다.

그 와중에 뱃사람 신드바드와 다른 두 사람은 겨우 살아남아 파도에 실려 다른 섬에 도착했다. 저녁이 되자 거대한 구렁이가 나타나 뱃사람 신드바드 일행을 집어삼켰다. 뱃사람 신드바드는 나무토막 몇 개를 모아서 몸에 대고 밧줄로 꽉 묶어 구렁이의 밥이 되는 것을 피할 수 있었다. 이튿날 뱃사람 신드바드는 지나가는 배를 만나 안전하게 고향 바그다드로 돌아갈 수 있었다.

네 번째 항해에서는 뱃사람 신드바드가 탄 배가 돌풍을 만나 침몰했다. 뱃사람 신드바드는 몇몇 상인들과 함께 파도에 실려 어느 섬에 도착했다. 이 섬의 왕은 뱃사람 신드바드 일행이 한 번도 본 적도 들은 적도 없는 음식들을 대접했다. 배가 고팠던 터라 다른 사람들은 허겁지겁 음식을 먹었지만 뱃사람 신드바드는 속이 메스꺼워 먹지 않았다. 사실 사람이 그 음식을 먹으면 계속 허기가 가시지 않아 먹고 또 먹어 결국 토실토실 살이 찌고 만다. 왕과 섬의 주민들은 식인귀로, 자신들의 섬에 오는 사람들을 발견하면 이렇게 음식을 대접해 통통하게 살이 찌면 잡아먹었다. 뱃사람 신드바드는 자신에게 관심을 기울이지 않는 틈을 타 몰래 도망을 갔다.

며칠을 하염없이 걷다가 사람들을 만난 뱃사람 신드바드는 자신의 고생담을 들려주었다. 그러자 사람들은 신드바드를 배에 태워 자신들의 섬으로 데려갔다. 섬은 번화했는데 이곳 사람들은 모두 안장과 마구 없이 말을 타고 다녔다. 뱃사람 신드바드는 안장을 만들어 왕에게 바쳐 큰돈을 벌었고 모든 사람의 존경을 한 몸에 받았다. 왕은 아름답고 똑똑한 아가씨를 아내로 짝지어주었다. 뱃사람 신드바드는 이곳에서 더할 나위 없이 편안한 삶을 보냈다.

그러나 이 섬에는 아내가 먼저 죽으면 남편을 함께 생매장하고, 남편이 먼저 죽으면 아내를 생매장하는 풍습이 있었다. 어느 날 갑자기 병상에 누운 뱃사람 신드바드의 아내가 불과 3일 만에 죽고 말았다. 사람들은 아내의 관을 해안가에 있는 높은 산으로 운구한 뒤에 큰 바위를 들어올려 구멍이 나타나자 그곳으로 아내의 시신을 내던지더니 밧줄로 신드바드를 결박해 동굴 속에 내려놓았다. 그리고 신드바드에게 물이 든 물병 하나와 보리과자 일곱 개를 내려주고 다시 구멍 입구를 막고 가버렸다. 동굴 안은 시체로 꽉 차 있었고 속이 뒤집힐 것 같은 악취가 났다. 물과 보리과자로 연명하던 뱃사람 신드바드는 정체 모를 야수가 시체를 먹으러 들어오는 구멍을 발견해 동굴 속의 수많은 부장품을 챙겨서 이곳을 떠났다. 그리고 마침 지나가던 배에 구조되어 다시 고향으로 돌아갔다.

다섯 번째 항해에서는 같이 배에 탄 사람들이 뱃사람 신드바드의 충고를 듣지 않고 로크 새의 알을 깨뜨렸다. 게다가 아직 모습을 갖추지 못한 새끼의 고기까지 먹는 바람에 로크 새의 보복을 받아 배가 가라앉고 말았다. 어느 섬에 도착한 뱃사람 신드바드는 종려 잎으로 만든 바지를 입은 노인을 만났다. 그는 좋은 마음으로 노인을 도와주었지만, 알고 보니 그 노인의 정체는 한번 매달린 사람에게는 절대 떨어지지 않는다는 악명을 가진 '바다 노인'이었다. 결국 신드바드는 바다 노인의 의자가 되어 종일 걷어차였다. 뱃사람 신드바드는 기지를 발휘해 자신이 만든 독한 포도주로 바다 노인을 취하게 만든 뒤에 죽였다. 한참이 지난 뒤에 뱃사람 신드바드는 지나가던 배에 구조되었다.

항해를 하던 어느 날 배가 원숭이 도시에 도착했다. 일행은 저녁 무렵이 되면 산에서 내려와 인간을 습격하는 원숭이들에게 잡히지 않기 위해 배를 타고 바다에 나가 밤을 보냈다. 뱃사람 신드바드는 호기심에 성안에 들어갔다가 그만 배를 놓치고 말았다. 그는 어쩔 수 없이 이곳 주민들을 따라나설 수밖에 없었다. 주민들이 나무 위의 원숭이들에게 돌을 던지자 원숭이들은 나무열매인 코코넛 열매를 따서 반격했다. 이렇게 해서 사람들은 힘들이지 않고 코코넛 열매를 잔뜩 얻었다. 배가 들어온 것을 본 신드바드는 코코넛 열매를 잔뜩 챙겨서 배를 타고 원숭이 도시를 떠났고, 배가 새로운 곳에 정박할 때마다 코코넛 열매를 수많은 진귀한 물품과 교환했다. 그는 다시 바스라를 거쳐 바그다드로 돌아와 가족들을 만났다.

뱃사람 신드바드의 뼛속 가득한 모험심은 여섯 번째 항해를 떠나게 만들었다. 이번에는 선장이 해로를 잃어버리는 바람에 암초와 부딪혀 배가 침몰했다. 뱃사람 신드바드는 살아남은 사람들과 함께 어느 섬에 도착했는데, 이곳에는 난파선의 널빤지와 온몸의 털을 쭈뼛쭈뼛 서게 만드는 시체들이 가득 쌓여 있었다. 뱃사람 신드바드는 맑은 물이 흐르는 개울을 발견했는데 물가에 온갖 보석들이 잔뜩 널려 반짝반짝 빛났다. 또 이곳에는 귀한 침향과 용연향이 있었다.

시간은 하루하루 지나가고 살아남은 자들도 하나둘 죽어 마침내 뱃사람 신드바드만 남았다. 절망에 빠진 그는 죽을 날만 기다리느니 작은 배를 만들어 물줄기를 따라 내려가기로 결심했다. 곧바로 침향나무 조각을 모아 배를 만들고 보석과 옥, 용연향 등을 싣고 길을 떠났다. 배는 곧 컴컴한 동굴로 접어들어 이리저리 부딪히며 떠내려갔다. 피곤했던 신드바드는 자신도 모르는 사이에 잠이 들어버렸고 어느 순간 눈을 떠보니 인도인들과 아비시니아인들이 그를 둘러싼 채 쳐다보고 있었다. 자신의 모험담을 들려주자 사람들은 무척 신기해하며 왕에게 신드바드를 데려갔다. 뱃사람 신드바드가 보석과 용연향의 일부를 선물하자 왕은 그를 극진히 대접하고 거처까지 마련해주었다. 오랜 시간이 흐르자 뱃사람 신드바드는 집 생각이 간절해져 왕에게 작별 인사를 고하고 보물을 가득 실은 채 바그다드로 돌아왔다.

그러나 편안한 삶은 이번에도 오래가지 못했다. 뱃사람 신드바드는 다시 모험심이 발동해 바스라에서 배에 올라 항해를 시작했다. 이번에는 순조롭게 여러 도시를 돌아다니며 장사를 했다. 그러던 어느 날, 갑자기 요란한 천둥소리 같은 소음이 들리더니 산처럼 거대한 물고기 세 마리가 나타나 배를 공격했다. 배는 커다란 암초에 부딪혀 산산조각이 났고 뱃사람 신드바드는 표류하다가 어느 섬에 도착했다. 지난번에 뗏목을 만들고 강을 따라 흘러갔던 일을 떠올린 신드바드는 다시 뗏목을 만들어 강을 따라 내려갔다.

얼마나 시간이 흘렀을까? 뗏목은 아름다운 건물과 사람들로 가득한 커다란 도시에 도착했다. 강둑에 있던 사람들이 뗏목을 끌어당겨 신드바드를 구해주었고, 어느 마음씨 좋은 노인이 자신의 집으로 데려가 진수성찬을 차려주고 정성껏 돌봐주었다. 며칠이 지나자 뱃사람 바그다드는 금세 원기를 되찾았다. 그는 자신이 타고 온 백단나무 뗏목을 노인에게 1,100디나르에 팔았다. 그리고 노인의 부탁으로 딸을 아내로 맞이해 재산을 물려받아 호사를 누리며 살았다.

그런데 이곳에서는 매월 초하루가 되면 남자들이 새로 변해 하늘로 날아가 도시에는 여자들과 아이들밖에 남지 않았다. 호기심이 생긴 신드바드는 가족에게는 말하지 않은 채 한 사내에게 자신을 데려가달라고 졸랐다. 사내의 등에 업혀 하늘 높이 날아간 뱃사람 신드바드는 새로운 경험에 한껏 도취되어 자신도 모르게 그만 큰소리로 알라를 칭송하고 말았다. 그 순간 하늘에서 화염이 뿜어져 나와 사내와 신드바드는 거의 타 죽을 뻔했다. 사내는 뱃사람 신드바드를 높은 산꼭대기에 내려놓더니 화를 내고 저주한 뒤에 그를 버려둔 채 가버렸다.

　어디로 가야 할지 몰라 서성이던 신드바드의 눈앞에 갑자기 달처럼 잘생긴 아이 둘이 나타났다. 자신들이 알라의 종이라고 말한 아이들은 손에 들고 있던 금 막대기를 신드바드에게 쥐어주고는 사라졌다. 잠시 후 뱃사람 신드바드는 구렁이에 잡아먹히기 직전인 남자를 구해주었고, 계속해서 길을 걷다가 자신을 등에 태워주었던 사람을 다시 만나 사과하고 간곡히 집에 데려가달라고 부탁했다. 집에 돌아온 신드바드는 아내의 의견에 따라 유산을 처분하고 배에 올라 바스라로 돌아왔다. 친구와 가족들은 한달음에 달려와 뱃사람 신드바드를 반갑게 맞아주었다. 뱃사람 신드바드는 이제 여행을 그만두기로 굳게 마음먹고 널리 아낌없이 베풀어 가난한 이들을 구하고 편안하고 행복한 삶을 살았다.

생명의 강 티그리스와 유프라테스
가장 오래된 문명의 고향 메소포타미아

초판 인쇄	2010년 8월 5일
초판 발행	2010년 8월 10일
엮은이	베이징대륙교문화미디어
옮긴이	한혜성
발행인	권윤삼
발행처	도서출판 산수야
등록번호	제1-1515호
등록일자	1993년 4월 30일
주소	121-826 서울시 마포구 망원동 472-19
전화	02-332-9655
팩스	02-335-0674

ISBN 978-89-8097-209-8 04900
ISBN 978-89-8097-206-7 (전 5권)

값은 뒤표지에 있습니다. 잘못된 책은 바꾸어드립니다.

이 책의 모든 법적 권리는 도서출판 산수야에 있습니다.
저작권법에 의해 보호받는 저작물이므로
본사의 허락 없이 무단 전재, 복제, 전자출판 등을 금합니다.

이 도서의 국립중앙도서관 출판시도서목록(CIP)은 e-CIP 홈페이지
(http://www.nl.go.kr/cip.php)에서 이용하실 수 있습니다.
(CIP제어번호: CIP2010002619)